INHALT

Naturwan-
derungen

Das Kleine Knabenkraut ist die häufigste Orchidee des Burgenlands.

Service

Naturerlebnis Österreich
Burgenland

Das Erleben einer intakten Natur ist im Zeichen stetig wachsender Umweltprobleme für viele Menschen zu einer wichtigen Beschäftigung geworden, die gerade in der Freizeit mit viel Liebe und Engagement betrieben wird. Viele Wanderer und Naturfreunde schätzen den Waldspaziergang oder die Erkundungstour durch die Au als unverzichtbare Tätigkeit, bei der sie einen Vogel mit dem Fernglas beobachten oder seltene Pflanzen aus nächster Nähe bestimmen können. Natur lässt sich aber nicht einfach besichtigen, wie Kunstgegenstände oder Sehenswürdigkeiten in Städten. Zum einen ist Natur nicht immer leicht zugänglich, zum anderen benötigt man eine gewisse Kenntnis der ökologischen Zusammenhänge. Die Bände der Reihe Naturerlebnis Österreich geben dazu die richtige Anleitung, sie bilden gleichsam den roten Faden und führen den Leser/die Leserin entlang der Wanderrouten zu den herausragenden Naturschönheiten der jeweiligen Bundesländer. Darüber hinaus bieten die handlichen Naturführer allgemeine Anleitungen zum richtigen Beobachten der Natur.

Der vorliegende Band zum Burgenland erschließt 20 der naturreichsten Wanderrouten vom Seewinkel über das Mittelburgenland bis zum Süden dieses vielfältigen und kulturell reichen Bundeslandes. Sachkundige Texte und eindrucksvolle Fotografien leiten durch die Landschaft rund um den Neusiedler See mit dem einzigartigen Steppencharakter, aber auch durch die sonnigen Hänge des Leithagebirges oder durch die waldreichen Höhen des Geschrie-

benstein. Im Süden befassen sich die Touren mit dem Hügelland, in dem bekannte Thermenorte wie Bad Tatzmannsdorf oder das durch das Mineralwasser berühmt gewordene Güssing liegen. Nördlich des Burgenlandes führen zwei Wanderungen durch die Augebiete entlang der Donau, die nördlich an die Parndorfer Senke angrenzen.

Naturerlebnis Österreich – Burgenland – stellt daher eine Aufforderung an alle Naturfreunde und Genießer dar, die die landschaftlichen Schönheiten, die Tiere, Pflanzen und geologischen Phänomene dieses Bundeslandes mit fachkundigen Anleitungen erleben wollen. Als Herausgeber dieser Reihe wünsche ich Ihnen dazu viel Freude, abwechslungsreiche Wanderungen und ein hohes Maß an Naturerleben.

Peter Mertz

Die Naturerlebnisregion Burgenland

Ganz im Osten Österreichs, dort, wo mit dem Leithagebirge die letzten Ausläufer der Alpen zu Ende sind, beginnt ein für Österreich einmaliger Naturraum, das Gebiet Pannoniens. Pannonien umfasst in Österreich den tiefgelegenen Osten Niederösterreichs (Weinviertel, Marchfeld, Wiener Becken) und die nördliche Hälfte des Burgenlands. Hier begegnen sich Pflanzen- und Tierarten aus alpinen, asiatischen, mediterranen und nordischen Gebieten.

Wo sich noch, wie Inseln im Kuturland, Reste des ursprünglichen Lebensraums erhalten haben, trifft der Besucher auf eine reiche Artenfülle. Besonders dort, wo Feuchtgebiete, Trockenrasen, Eichenwäldchen, Wiesen, Sandsteppen oder Salzböden in unmittelbarer Nachbarschaft liegen. „Edge-Effekt" nennen die Biologen das vermehrte Auftreten von Pflanzen- und Tierarten überall dort, wo verschiedene Lebensraumtypen aufeinander treffen. Solche Gebiete sind daher auch für den Besucher sehr ergiebig, denn hier lässt sich vieles auf einmal erkennen und beobachten. Vor allem in zweien der europäischen „Hot Spots", den naturräumlichen Raritäten dieses Kontinents, die sich im pannonischen Österreich in unmittelbarer Nähe voneinander befinden: Die Donau-March-Auen und die Salzlackenlandschaft im Seewinkel. Beide sind inzwischen als Nationalparke geschützt und bieten dem Besucher zu allen Jahreszeiten wunderbare Einblicke in die Funktion von Lebensräumen und Ökosystemen.

Biologisch nicht weniger einzigartig sind die selten gewordenen pannonischen Trockenrasen, die sich als Naturschutzgebiete von Braunsberg und Hundsheimer Berg bei Hainburg entlang dem Südost-Hang des Leithagebirges und weiter bis in die Gegend um Mattersburg ziehen. Sie zeigen sich von Ostern bis in den Frühsommer von ihrer schönsten Seite, wenn bunte Frühjahrsblüher in reicher Artenfülle erscheinen und bunte Schmetterlinge über die Hänge flattern.

Die südliche Hälfte des Burgenlands schließlich bildet (geografisch wie botanisch) einen Übergang vom Alpenvorland zur Ungarischen Tiefebene, in dem sich alpine, pannonische und illyrische (südosteuropäische) Arten aus Flora und Fauna treffen. Unberührt vom Massentourismus, mit Streuobstwiesen und Weingärten.

Der Weinbau hat alte Tradition im pannonischen Österreich – seit den Kelten, noch bevor die Römer kamen. Die größten Weinbaure-

Bild Seiten 6/7:
Oslip am Fuß des
Goldbergs wurde nach
dem Türkensturm 1529
von geflüchteten
Kroaten neu besiedelt
und pflegl mil dem
nahen Siegendorf
noch heute kroatische
Traditionen im
Nordburgenland.

gionen des Burgenlands sind der Seewinkel sowie die Hänge des Leithagebirges und der Hügel südlich davon. Aber Wein gibt es, entlang der ungarischen Grenze, bis in die Güssinger Gegend. Bereits seit dem 16. Jahrhundert sind aus Rust Beerenauslesen bekannt; besonders das Klima um den Neusiedler See mit neblig-kühlen Herbstnächten aber trotzdem noch heissen Tagen erlaubt eine „Edelfäule" der Trauben. Das Ergebnis sind Trockenbeerenauslesen aus rosinenartig geschrumpften Trauben oder die burgenländische Spezialität Eiswein, die bei minus 6–8 Grad geerntet wird.

Wandertipps: Nur in wenigen Regionen der Welt lässt sich das Gelände so bequem durchwandern wie zwischen den Donauauen und dem südlichen Burgenland. Die Routen sind auch für Kinder problemlos, sind gut beschildert und erlauben das Erleben der Natur bereits von den Wegen aus. Aber selbst bei solch minimalen Anforderungen gehören gute Schuhe und in sommerlicher Hitze eine Wasserflasche als „selbstverständlich" dazu. Als regelrecht „überlebensnotwendig" erweist sich hingegen in allen Regionen mit nahegelegenen Feuchtgebieten etwa ab Mai ein gründlicher Mückenschutz, sonst wird man gnadenlos als „Frischfleisch" verzehrt. Klassiker und bewährtestes Repellent ist immer noch der Wirkstoff Diethyl-M-Toluamid (DEET). Der kleine Autan-Stift kann so den Genussfaktor eines Naturspaziergangs ganz erheblich steigern.

Wanderkarten im Maßstab 1:50.000 gibt es für einen Großteil unserer Region. Die Donau-March-Auen deckt die freytag&berndt Karte 013, den Seewinkel und das Leithagebirge die freytag&berndt WK 271, das Südburgenland die freytag&berndt WK 423; das Bernsteiner Bergland wird von der WK 422 miterfasst. Außerdem erhält man vor Ort Regionalkarten (Illmitz, Naturpark Geschriebenstein, Mühlgraben) und es gibt für das ganze Gebiet die ÖK-50 Karten vom Bundesamt für Eich- und Vermessungswesen; im Internet abrufbar unter www.austrianmap.at. Als Orientierungshilfe dienen bei den im Buch besprochenen Wanderungen kleine Kartenskizzen. Die Nummern im Text weisen jeweils auf wichtige Orientierungspunkte hin, die in den Kartenskizzen ebenfalls mit diesen Ziffern gekennzeichnet sind. Die 20 Wanderungen begleiten den Naturfreund durch die interessantesten Gebiete der Region. Dazu kommen noch zehn bemerkenswerte Kleinziele, die einen Besuch lohnen.

Johannes Kautzky

Legende zu den Tourenkarten

——	Route
➤	Richtungspfeil
A	Anfang der Wanderung
E	Ende der Wanderung
▲	Gipfel
P	Parkmöglichkeit
X	Gasthaus
∩	Höhle, Grotte
⛪ ⛪	Kirche, Kapelle
+	Bildstock
🏰 🏰	Schloss, Burg, Ruine
🏛	Museum
✳	Sehenswürdigkeit
⛏	Archäolog. Ausgrabung
❇	Aussicht
🔭	Beobachtungsturm
X	Rastplatz
C	Camping
H	Bushaltestelle

Die Naturlandschaften der Region

Die Donauauen

Seit dem Ende der letzten Eiszeit gruben sich Donau und March in vielen Schlingen und Seitenarmen ihr Bett und schleppten Schotter und Sand mit sich. Die Flüsse lagerten ihr Transportgut zu Inseln ab, auf denen sich Kräuter, Sträucher und Weiden ansiedelten, gefolgt von Insekten und Vögeln. Über die Jahrtausende hinweg entstanden dynamische Ausysteme mit starken Schwankungen in Flussnähe und ruhiger in den abgelegenen Teilen. Auen können nur durch regelmäßige Hochwasser überleben. Diese sind die Lebensgrundlage der Au und sie formen ihr Antlitz. Früher hatte nahezu jeder Fluss seine Au und die damit verbundene Tier- und Pflanzenwelt. Doch nachdem der Mensch die Flüsse kanalisiert sowie für Kraftwerke und Schifffahrt aufgestaut hatte, sind die letzten verbliebenen naturnahen Feuchtgebiete zum ökologisch kostbaren Faktor geworden.

Die Donauauen erstrecken sich von der Lobau am Ostrand von Wien mehr als 30 km Luftlinie nach Osten bis zur Mündung der March an der slowakischen Grenze. Auf der Südseite der Donau sind sie meist schmal, da eine eiszeitliche Schotterterrasse nur wenig Raum lässt. Auf der Nordseite, gegen das flache Marchfeld hin, bildeten sie dagegen einst ein kilometerbreites Geflecht von Nebenarmen. Inzwischen trennt der Hubertus-Hochwasserdamm das nur mehr selten mehr als 1 km breite Augebiet vom Kulturland dahinter. Der Rest bildet trotzdem den besterhaltenen naturnahen Abschnitt der Donau zwischen Ulm und Rumänien und ist zum Großteil als Nationalpark geschützt. Durch die Kanalisierung der Donau und die Abtrennung der Nebenarme vom Hauptstrom drohte der Au mit der Zeit jedoch „Herzstillstand". Seit 1997 findet nun im Nationalpark mit der großen „Gewässervernetzung", der Rücknahme der Regulierungen und Verbauungen der Donau, der Welt größtes Freilandexperiment im ökologischen Rückbau eines Flusses statt.

In Augebieten mit Osterluzeivorkommen fliegt im Mai der prächtige Osterluzeifalter.

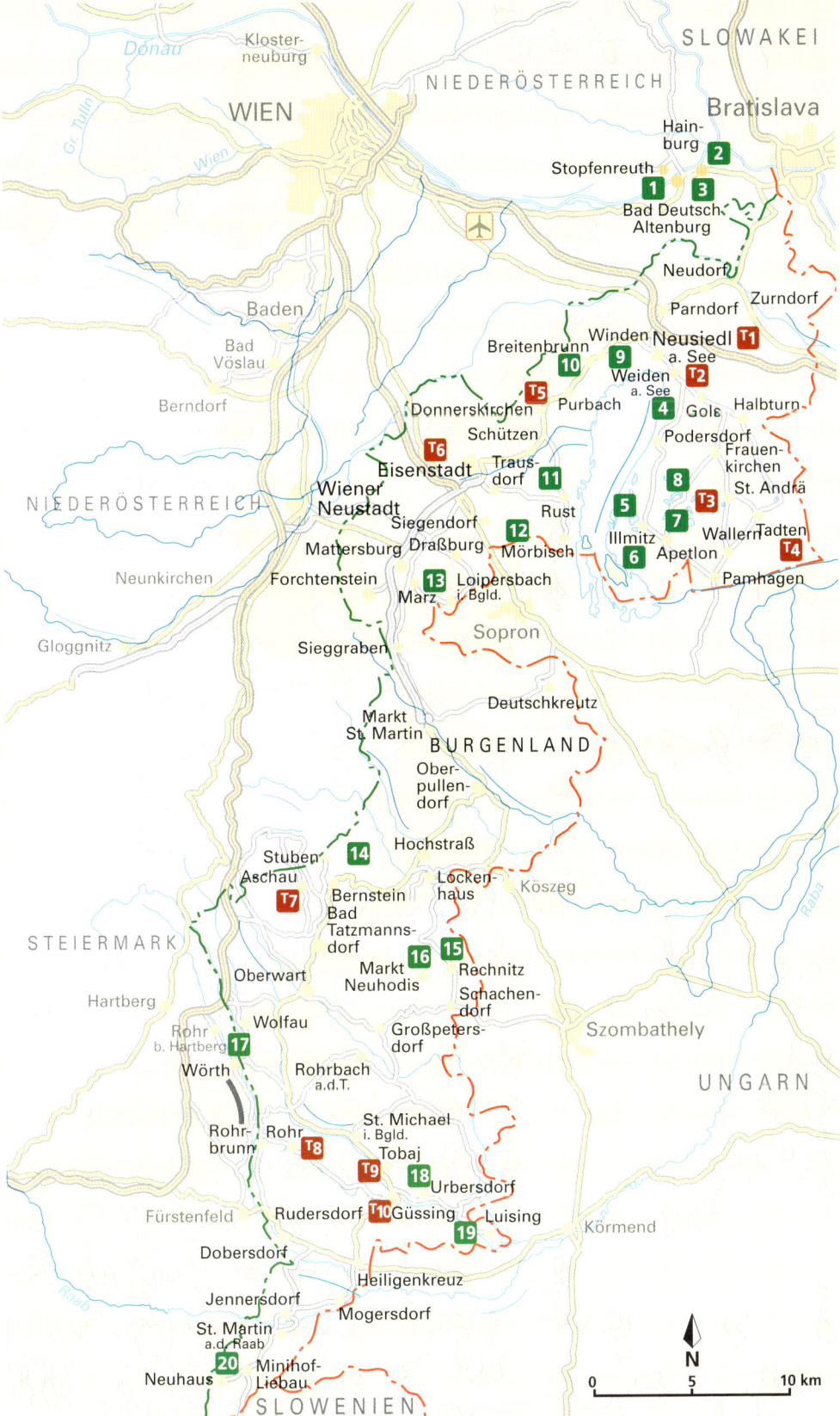

Die Hainburger Berge

Dieses kleine Inselgebirge ist der Rest der Verbindung von den Alpen zu den Karpaten. Es besteht aus Glimmerschiefer, der zum Teil mit Kalk aus Trias und Jura (Zeitperioden aus dem Erdmittelalter, der Zeit des Tethys-Meeres) bedeckt ist. Dadurch wechseln sich am Hundsheimer- und am Braunsberg Kalk- und Silikatuntergrund kleinräumig ab. Die besonders artenreiche Vegetation wird hier schon seit über 100 Jahren studiert und so manche Pflanze kommt in Österreich nur hier vor (Wanderungen 2 und 3).

Die Parndorfer Platte

Diese Terrassenplateaus wurden im Lauf der Jahrtausende von der Donau aufgeschottert. Sie hatte zwischen den Eiszeiten mehrmals ihren Lauf geändert, war mal durchs Marchfeld, dann wieder durchs Burgenland geflossen. Dabei schüttete sie sich ihr Bett jeweils mit Material so zu, dass sie sich daneben ein neues suchen musste. Über den alten Donau-Terrassen haben sich in der letzten Eiszeit Löss und Flugsande abgelagert, eine Grundlage für den fruchtbaren Schwarzerdeboden, der die Region zur Kornkammer macht. Im Schotter versickert Regenwasser rasch, das dann als Grundwasser den Neusiedler See mitspeist. Zum Seewinkel und dem See hin fällt die Parndorfer Platte mit einer Stufe (dem Wagram) etwa 20 bis 30 m ab.

Der Neusiedler See

Er ist eine seichte Pfanne – 35 km lang und 3 bis 12 km breit –, die nur an wenigen Stellen tiefer als 1 m (maximal etwa 2 m) wird. Von seinen 321 km^2 Gesamtfläche sind etwa 180 km^2 Schilfareal. Das Missverhältnis von Seefläche zu Tiefe, geringe Niederschlagsmengen des pannonischen Klimas sowie eine starke Verdunstung in sommerlicher Hitze machen ihn zu einem echten Steppensee mit leicht sodahaltigem Wasser.

Ungewöhnlich ist der schwankende Wasserspiegel des Sees, bedingt durch seinen Wasserhaushalt: Bis zu 78% des Wassers stammen aus Niederschlägen, rund 20% aus oberirdischen (Wulka), aber nur 3 bis 4% aus unterirdischen Zuflüssen (diesen Anteil hatte man bis zu den Untersuchungen 1992 für viel größer gehalten). Einen oberirdischen Abfluss gab es bis zur Fertigstellung des Einserkanals 1909 keinen. Daher war der See einst in feuchten Jahren viel größer und hatte Verbindung mit dem ungarischen Sumpfgebiet Hanság. In trockenen Zeiten dagegen konnte er völlig austrocknen (zum letz-

Die Besonderheit der Hundsheimer Berge ist die Hainburger Federnelke (siehe Seite 55).

ten Mal 1865–1871). Der Einserkanal sollte samt einem ab 1920 angelegten, weitläufigen Drainagesystem Hanság und See trockenlegen. Stattdessen hält er den Wasserstand des Sees seither auf relativ gleichmäßigem Niveau.

Durch die nun fehlenden Überschwemmungen eroberte sich jedoch das Schilf immer größere Uferbereiche und Wasserflächen. Zunächst schnitt man es im Winter händisch;

seit 40 Jahren erfolgt der Schilfschnitt als organisierte Pflegemaßnahme mit dem gewinnbringenden Nebeneffekt des schwungvollen Schilfexports für die Reetdächer in Holland, Schleswig und Dänemark. Eine zusätzliche Schilfeindämmung landeinwärts bedingt die im Nationalpark wieder eingeführte extensive Beweidung.

Neubruchlacke im August. Wenn im Sommer die Lacken weitgehend austrocknen, siedeln kurzlebige Pionierpflanzen auf den freien Flächen.

Der vom Leithagebirge häufig herabblasende Westwind hat zur Folge, dass der Schilfgürtel im Westen wesentlich breiter ist, während ihn der Wellenschlag auf der Ostseite zurückdrängt. Der Wind verursacht auch die vielen winterlichen Eisstöße, die jeweils erhebliche Sedimentmengen ans Ufer schieben. Dadurch wird der See am Ostufer teilweise recht deutlich von einem Seedamm begrenzt. Dessen Alter ist unsicher; älter als 2000 Jahre kann er aber nicht sein, da man unter ihm römische Münzen und Tonscherben gefunden hat.

Über die Entstehung des Sees kursierten seit dem 19. Jahrhundert verschiedene Theorien. Er ist jedoch weder ein Überbleibsel des ehemaligen Sarmat-Meeres aus dem Miozän (siehe Leithagebirge) noch eines zwischeneiszeitlichen Donauarms, sondern gegen Ende der letzten Eiszeit in einer tektonischen Mulde entstanden und etwa 13.000 Jahre alt.

Der Seewinkel

Als Seewinkel bezeichnet man das Lackengebiet östlich des Neusiedler Sees. Nach Nordosten schließt der Heidboden an, nach Süden und Osten der Hanság. Von einst über 130 Seewinkellacken bis hin nach Pamhagen und Andau gab es 1960 noch 80, bis heute sind nur noch 38 (und ein Dutzend verlandete) geblieben; denn die modernen Mittel der Bodenbearbeitung mit landwirtschaftliche Maschinen, Kunstdünger und Pflanzenschutzmitteln verwandelten in kurzer Zeit

Die Knäkente ist eine der vielen Entenarten am Neusiedler See und an den Lacken. Durch ihren weißen Überaugenstreif ist sie leicht zu erkennen.

das Heideland in Agrargebiet und Wein-Großanlagen, begünstigt durch den Sandboden und das trockene Klima.

Im Prinzip sind die Lacken Kleinformen des Neusiedler Sees, die von Regen und Grundwasser gespeist werden und dem klimatischen Wechselspiel der Jahreszeiten unterliegen. Als seichte Mulden, 30 bis 50 cm tief, trocknen viele von ihnen im Sommer aus. Diese periodischen Lacken füllen sich erst wieder im Spätherbst. Die ständigen Lacken dagegen haben zusätzlich zum Regen Grundwasserzufluss und trocknen daher nur selten aus. Versumpfte oder teilentwässerte Lacken sind durch Verlandung oder Anbindung an das Entwässerungssystem entstanden und enthalten nur noch in sehr feuchten Jahren Wasser. Nur einige künstlich eingetiefte Badeseen (z. B. der Zicksee) sind über 1 m tief.

Der oft hohe Gehalt an Soda (Natriumkarbonat) ist eine weitere Besonderheit der Seewinkellacken. Solche Lebensräume gibt es (von einigen ungarischen Sodalacken abgesehen) erst wieder in Asien und Ostafrika. An weiteren Mineralien finden sich in einigen Lacken noch Glaubersalz, Bittersalz und ganz gewöhnliches Kochsalz. Vom Chemismus her lassen sich zwei Lackentypen unterscheiden:

• *Weiße Lacken*: Durch ihren hohen Sodaanteil enthalten sie kaum Pflanzenwuchs. Das vom Wind ständig aufgewühlte und in Schwebe gehaltene Sediment verleiht ihnen eine helle Farbe.

• *Schwarze Lacken*: Sie enthalten nur wenig Soda, sind daher stark bewachsen und enthalten viel organisches Material.

Salzig sind im Seewinkel aber nicht nur die Lacken, sondern auch die Böden der Umgebung, die das größte Salzbodengebiet Österreichs bilden. Salz im Boden sammelt sich meist in einem salzführenden Horizont. Solche Salzkonzentrationen entstehen entweder durch Anreicherung in sehr trockenem Klima oder dort, wo Salz aus tiefen Lagerstätten durch aufsteigendes Mineralwasser mitgenommen wird.

Wie nun das Salz in den Seewinkelboden und in die Lacken hineinkommt, ist ebenfalls Gegenstand verschiedener Überlegungen gewesen. Anzunehmen ist, dass erstens das einstige Miozän-Meer salzhaltige Sedimente hinterlassen hat. Zweitens haben sich im Seewinkel durch die andauernden tektonischen Bewegungen der Region zahlreiche artesische Mineralquellen gebildet (die Mineralwasserlagerstätte unter dem Neusiedler See ist vermutlich die größte Europas). Was für ein seltsam schmeckendes (angeblich sehr gesundes) Nass da so an die Oberfläche befördert wird, lässt sich z. B. mitten am Illmitzer Dorfplatz an der Bartholomäusquelle kosten. Wie bei den Lacken gibt es zwei Salzboden-Typen, die aber nur selten rein, sondern meist als Mischtyp auftreten:

- *Solontschak (Weißalkaliboden, sandig)*: Er tritt dort auf, wo salzhaltiges Grundwasser in Bodennähe durch die Verdunstung an die Oberfläche gesaugt wird und an der Bodenoberfläche weiße Salzkrusten bildet. An solchen Stellen mit Salzausblühungen können nur salzresistente Pflanzen überleben (Salz-Kresse, Pannonische Salzmelde).
- *Solonetz (Schwarzalkaliboden, tonig)*: Er enthält wenig Soda, mehr Natrium und reagiert an der salzarmen Oberfläche basisch. Der Salzhorizont liegt in 10–70 cm Tiefe und ist von einer salzarmen Schicht bedeckt, auf der sich etwas Humus bilden kann.

Das Leithagebirge

Dieser letzte Ausläufer der Zentralalpen ist ein 30 km langer, sanfter Hügelrücken, der das Wiener vom Pannonischen Becken trennt. Seine Nordost-Richtung stammt aus der Zeit der alpinen Deckenbildung: Während der alte Granitblock der Böhmischen Masse der nach Norden schiebenden afrikanischen Platte Widerstand bot, sodass der Tethys-Meeresboden an diesem Hindernis wie eine Autoknautschzone aufeinandergefaltet wurde, herrschte östlich davon „freie Fahrt".

Durchschnittlich ist das Leithagebirge etwa 400 m hoch, mit einigen höheren Kuppen (Franz-Josefs-Warte 443 m, Sonnenberg 484 m). Der Name „Leithagebirge" ist die offizielle Bezeichnung der Kartographie; lokal heißt es „Leithaberg". Sein Kern besteht aus Silikaten (Gneis und Glimmerschiefer), auf die an den Rändern eine Schicht Leithakalk aufgelagert ist. Dieser hat nichts zu tun mit den nördlichen Kalkalpen (die sich hier tief unter dem Wiener Becken befinden), sondern ist ein Produkt des Badenien-Sarmat-Flachmeeres aus dem Miozän. Badenien (nach Baden bei Wien – bis hierher reichte das Meer) und Sarmat (nach dem skythischen Reitervolk der Sarmaten in der Ukraine und in Rumänien zur Römerzeit) heißen die beiden Abschnitte des Mittelmiozäns vor etwa 11 bis 17 Millionen Jahren. Zum Großteil ist der Leithakalk ein Produkt der Kalk abscheidenden Alge *Lithothamnium*. Dazwischen gibt es noch Mergel und Bänke dickschaliger Austern; wie überhaupt der Leithakalk sehr fossilienreich ist. In Steinbrüchen (Müllendorf, St. Margarethen) kann man davon allerlei sehen.

Der Pannonische Steppensalbei wächst auf Trockenrasen und schmückt im Juni weite Gebiete des Seewinkels blau.

Der Großteil des Leithagebirges ist bis heute komplett bewaldet. Meist finden sich forstlich mäßig genutzte Eichen- und Rotbuchenwälder, die der lokalen Tierwelt ungestörte Lebensbedingungen bieten. Auf ebenen Terrassen über Glimmerschiefer konnten sich Hochmoore bilden, von der Vogelwelt gerne als „Entenseen" genutzt. Die Hänge zum Neusiedler See hinunter sind ein beinahe durchgehender Weingarten, aufgelockert durch Kirschbäume (Blüte im April); unterbrochen von einigen Hängen mit besonders schönen Trockenrasengemeinschaften (Wanderungen 9, 10, Top 10-Ziel Nr. 5).

Nach Süden hin schließt an das Leithagebirge die **Wulka-Ebene** an. Sie ist im Prinzip eine Verlängerung des Wiener Beckens, die von dessen Flusssystem durch von Pitten und Leitha angeschleppte Schotter (die Zillingdorfer Platte) jedoch getrennt wurde. Während die Leitha nach Nordosten fließt, mündet das Flüsschen Wulka seither nach Osten in den Neusiedler See und entwässert die Bucht von Eisenstadt und Mattersburg. Diese ist recht dicht besiedelt mit Dörfern, deren Bewohner im Tal Ackerbau und an den umgebenden Hängen Weinbau betreiben. Mattersburg war vom 16. bis ins 18. Jahrhundert neben Ödenburg die größte Weinbaugemeinde Westungarns. Den Abschluss des nördlichen Burgenlands bilden das **Rosalien- und das Ödenburger Gebirge.** Getrennt sind sie durch den 500 m hohen Sieggrabener Sattel, über den die Nord-Süd-Verbindung führt. An dieser Engstelle ist das Burgenland kaum 5 km breit.

Das Mittelburgenland

Der Blutweiderich hat es gerne feucht und ist an Bach- und Teichufern häufig zu sehen.

Nach diesem Flaschenhals öffnet sich **Oberpullendorfer Becken**, das von Ödenburger und Günser Gebirge sowie dem Ostrand der Buckligen Welt eingerahmt wird. Diese besteht aus Gneis und Glimmerschiefer mit einer Vulkankuppe aus dem Miozän, dem Pauliberg (ca. 750 m), der durch den Abbau von Basaltsplitt (begehrt für den Straßenbau) langsam immer niedriger wird. Das Becken, ein 200–300 m hohes Plattenland aus Schottern, Sanden und Ton fällt nach Osten zur kleinen Ungarischen Tiefebene hin ab. Die Grenze zum Südburgenland markiert das **Günser Gebirge**. Dieser Ausläufer der Alpen nach Osten schließt über das Bernsteiner Bergland an die Bucklige Welt an und hat mit dem Geschriebenstein (884 m) an der ungarischen Grenze den höchsten Gipfel des Burgenlands. Es besteht aus Tonschiefern und Phylliten aus dem Erdaltertum, die hier an der Oberfläche liegen (Rechnitzer Fenster, Wanderung 15). Eine Besonderheit in den Kuppen des Bernsteiner Berglands ist das Vorkommen von Serpentin, dessen Chloriteinschlüsse als Edelserpentin in Bernstein verarbeitet werden (Wanderung 14).

Das Südburgenland

Das Südburgenland gehört zum südöstlichen Alpenvorland. Geografisch ist es als Südburgenländische Schwelle ein Teil des Oststeirischen (Fürstenfelder) Beckens, das wiederum eine Bucht der Kleinen Ungarischen Tiefebene bildet. Durch seine Lage am Rande Österreichs und für Jahrzehnte am „Eisernen Vorhang" ist es ein Randgebiet mit den entsprechenden wirtschaftlichen Problemen, wenn auch die Region um Oberwart im letzten Jahrzehnt raschen Aufschwung als Gewerbegebiet genommen hat. Ein nennenswertes städtisches Zentrum gibt es nicht; Fremdenverkehr spielt nur eine bescheidene Rolle. Etwa 500.000 Nächtigungen pro Jahr (wovon sich 300.000 im Kurzentrum Bad Tatzmannsdorf konzentrieren), das schafft jede bessere Tiroler Tourismusgemeinde alleine. Die Landschaft des Südburgenlands ist daher bis heute völlig von den Auswirkungen des Massentourismus verschont geblieben.

Typisch für das Südburgenland ist seine Riedellandschaft (Riedel sind langgezogene, schmale Hügelrücken). Die Täler von Pinka, Strem und Lafnitz haben, wie im südlichen Alpenvorland häufig, breite Talsohlen, in denen ein recht unscheinbares Gewässer vor sich hin mäandert, eher Bach als Fluss. Zur Schneeschmelze oder nach heftigen Regen kam es früher zu weiträumigen Überschwemmungen und die Talböden waren versumpft. Regulierung und Verbauung haben den Grundwasserspiegel inzwischen so weit abgesenkt, dass intensive Inkulturnahme möglich war. Nur an wenigen Stellen gibt es noch naturnahe Restflächen (Wanderungen 17 und 19).

Beim Pinkatal bilden die Hänge des Eisenbergs, einem alten, abgetragenen Gebirge aus dem Erdaltertum, auf das Leithakalk aufgelagert ist, ein beliebtes Weinbaugebiet. Bei einigen Dörfern ist die Anlage als Angerdorf noch gut zu erkennen (z. B. Moschendorf, Hagensdorf). Während im Nordburgenland (aber auch an den sonnigen Hängen um Rechnitz) Steinobst dominiert (Marillen, Kirschen), wächst auf den Hügeln zwischen Lafnitz und Strem durch den schwereren Boden und das feuchtere Klima Kernobst, vor allem Äpfel. In diesem Gebiet sind die steirischen Berghäusersiedlungen verbreitet. Das ist ein Streusiedlungstyp, bei dem zu einem Dorfkern im Tal weitläufig verstreute, lockere Siedlungen auf den umliegenden Hügeln gehören.

Im Miozän und vor allem im Pliozän (vor etwa fünf Millionen Jahren) herrschte in der Südost-Steiermark und im Südburgenland reger Vulkanismus, der Basalte und Tuffe ans Tageslicht brachte. Auffallende Überbleibsel davon sind im Burgenland der Güssinger Burgberg und der nicht ganz so markante Tobajer Kogel 4 km weiter nördlich.

Der Acker-Wachtelweizen mit seinen rötlichen Hochblättern hat nur wenig Chlorophyll zur Energiegewinnung und muss daher als Halbschmarotzer bei anderen Pflanzen mitnaschen.

Die Region im Steckbrief

In Niederösterreich erstreckt sich zwischen der Lobau am Ostrand Wiens und der Marchmündung bei Hainburg der Nationalpark Donau-Auen, der 1996, mehr als zehn Jahre nach der legendären Au-demonstration im Dezember 1984, errichtet wurde. Die Donau-March-Auen bilden das letzte ausgedehnte Fluss-Auensystem Mitteleuropas. Ihre Wasserdynamik und die Vielfalt ihrer Lebensräume ermöglichen einen besonderen Reichtum an vielfach gefährdeten oder seltenen Pflanzen und Tieren. Der Nationalpark hat eine Größe von 9300 Hektar (davon 60% Aufläche und 25% Wasserfläche), die Gesamt-fläche der erhaltenen Auen in der Donau-March-Region beträgt etwa 12.000 Hektar.

Das Burgenland, Österreichs östlichstes Bundesland, grenzt als langer Schlauch im Osten an Ungarn, im Westen an Niederösterreich und die Steiermark. Mit 3966 km² ist es das zweitkleinste Bundesland und hat mit rund 280.000 die wenigsten Einwohner, von denen etwa 12.000 in der Hauptstadt Eisenstadt leben. Bei einer Länge von zirka 170 km von Norden nach Süden ist es an seiner wespen-taillenartigen schmalsten Stelle nur 4,5 km breit. Der höchste Gipfel (Geschriebenstein, 884 m) liegt im Günser Gebirge, das zusammen mit dem Bernsteiner Bergland als Ausläufer der Buckligen Welt die Grenze zwischen dem Mittel- und dem Südburgenland bildet. Die tiefsten Stel-len des Burgenlands sind der Neusiedler See und das Natur-schutzgebiet Hanság im Seewinkel in jeweils 115 m See-höhe, der niedrigstgelegene Ort ist Illmitz (117 m).

Die Reste der Mitteleuropa einzigartigen pannonischen Steppen- und Lackenlandschaft bewahrt der 1993 gegrün-dete, 8000 Hektar große Nationalpark Neusiedler See - Seewinkel, der grenzüberschreitend nach Ungarn reicht.

Am Hauptplatz von Apetlon steht eines der letzten alten Seewinkelhäuser mit barockem Volutengiebel.

Der größte Fluss im Nordburgenland ist die Leitha an der Grenze zu Niederösterreich, während das Südburgenland von den das ost-steirische Hügelland entwässernden Flussläufen Raab, Lafnitz und Pinka durchquert wird.

Seit dem Mittelalter ist die Region das alte Grenzland zwischen Österreich und Ungarn, unter den Habsburgern bildete das heutige Burgenland als Teil Westungarns einen Verteidigungsriegel gegen die Osmanen. Die Besiedlung des Nordens erfolgte von Nieder-österreich aus, ins Südburgenland dagegen holten ungarische Burg-herren im Mittelalter fränkische Siedler als „Bollwerk" gegen die nach Osten rodenden Steirer. Diese Bewohner der Region zwischen Güssing und Pinkafeld heißen „Heanzen" und sprechen einen aussterbenden „ui"-Dialekt (Bui, Kui, Muida – Bub, Kuh, Mutter). Dazu kommen im Südburgenland ungarische und kroatische Minderheiten – Flüchtlinge aus den Türkenkriegen des 16. und 17. Jahrhunderts, die bis heute ein farbenprächtiges Brauchtum pflegen. Als typische Bauweise am Land finden wir im Norden des Burgenlands Streck- und Hakenhof, im Süden dazu noch Drei- und Vierseithof.

Naturgeschichte

Klima

Einen nicht unerheblichen Einfluss auf Landschaftsform und Vegetation haben die jeweiligen klimatischen Verhältnisse einer Region. Großzügig betrachtet, stehen das nördliche Burgenland und das Marchfeld unter dem Einfluss des pannonischen Klimas, das Südburgenland

Im Winter wird das Altschilf des Neusiedler Sees geerntet und danach in solchen Schilfkegeln gelagert.

unter jenem des illyrischen. Der pannonische Klimabereich umfasst ganz Ungarn und Umgebung bis zu den Karpaten und reicht in Österreich bis zur Wachau, dem Waldviertel und dem Wiener Becken. Als kontinental geprägtes Klima ist es gekennzeichnet durch geringe Jahresniederschlagsmengen (etwa 600–700 mm), kalte Winter mit Frostperioden und heisse, trockene Sommer. Im August kann sich die Lufttemperatur im Seewinkel den 40 Grad nähern.

Ins Südburgenland dringen dagegen Einflüsse vom Balkan vor. Die Niederschlagsmenge ist höher (etwa 800 mm), die Extreme sind weniger ausgeprägt und die Jahresdurchschnittstemperatur liegt um 1–2 Grad niedriger als im pannonischen Raum. Der meiste Regen fällt pflanzengerecht im Sommer, sodass man (mehr oder weniger) „alles" anpflanzen kann – es wächst und gedeiht. In den „gebirgigen" Abschnitten steigt der Niederschlag auf 900 bis 1000 mm und die Durchschnittstemperatur sinkt um 3–4 Grad.

Geologie

Das Burgenland und die Donau-March-Region bilden keine naturräumliche Einheit, sondern sind das Grenzgebiet zwischen dem Alpenostrand, dem Pannonischen Becken und den Karpaten. Die

Vom Kreidesteinbruch Müllendorf am Westrand des Leithagebirges haben wir einen Blick über das Steinfeld bis zur Hohen Wand am Ostalpenrand.

Wurzeln seiner Entstehung liegen im Erdmittelalter, der Zeit der Dinosaurier. Die beiden Urkontinente Laurasien (Eurasien, Nordamerika) und Gondwanaland (Afrika, Indien) wurden durch das Tethysmeer getrennt. Vor etwa 90 Millionen Jahren begann Gondwana langsam nach Norden zu driften, und schob dabei das Tethysmeer zusammen; am Rand Europas und Asiens begann sich dadurch der Meeresboden aufzufalten und in Decken übereinander zu stapeln. Das war zwar noch keine Alpenbildung, aber die Vorbereitung dazu. Die Meeresbodensedimente und Riffe wurden durch den Druck zu hartem Kalkstein gepresst, alte, in der Tiefe verschwundene Schiefer früherer Gebirgsbildungen kamen wieder nach oben (und sind im Rechnitzer Fenster, Wanderungen 16 und 18, heute noch zu sehen). Vor etwa 50 Millionen Jahren tauchten der Alpen- und Karpatenbogen langsam aus dem Wasser auf. Für lange Zeit als Inseln – es muss bei uns damals etwa so wie heute in Indonesien ausgesehen haben.

Erst in der Gebirgsbildungsphase vor etwa 20 Millionen Jahren wurden Alpen und Karpaten zu einem „richtigen" Gebirge gehoben. An der schwächsten Stelle des Bogens, dem heutigen Wiener Becken, sowie am Rand der Gebirge kam es dabei zu tiefen Einsenkungen. Für einige Millionen Jahre bedeckte nun ein Arm der zum Mittelmeer geschrumpften Tethys das Steirische, das Wiener und das Pannonische Becken, mit einzelnen Inseln wie dem Leithagebirge, dem Ruster Höhenzug oder den Hainburger Bergen. Als die Verbindung zum Mittelmeer abriss, verblieben in Mittel- und Osteuropa warme Flachmeere, an deren Rändern üppige Wälder wuchsen, aus denen Braunkohlelager (Steiermark, Südburgenland) hervorgingen. Mit der letzten Gebirgshebung im Pliozän vor etwa fünf Millionen Jahren verschwanden diese brackigen Gewässer bis auf einige Reste (Schwarzes und Kaspisches Meer, Aralsee). Ihre Sedimente wurden zu Sandstein gepresst und in der Südost-Steiermark herrschte (wohl durch die tektonischen Bewegungen) reger Vulkanismus (Top 10-Ziel Nr. 9 und 10). Etwa vom Ende des Miozäns (vor rund sieben Millionen Jahren) an nahm das subtropische Klima laufend ab und es wurde immer kühler. Höhepunkt der Kältewelle waren die Eiszeiten, die unserem Lebensraum schließlich seine heutige Form verpassten.

Jeweils an den Enden der Eiszeiten transportierten Schmelzwasser und Flüsse die gewaltigen, in den Moränen angehäuften Schuttmassen ins Alpenvorland und füllten dort Becken und Täler auf.

In den folgenden Warmzeiten konnten sich die Fließgewässer in diesen nachgiebigen Untergrund dann recht leicht hineingraben. Dieser mehrfache Wechsel zwischen Materialansammlung und Erosion führte zu einer Terrassenlandschaft, die z. B. in der Oststeiermark und im Südburgenland gut zu sehen ist. Während der Kaltzeiten wurden dagegen Löss und Sande angeweht, die etwa im Nordburgenland größere Flächen bedecken. Die Aulandschaften schließlich sind geologisch „moderne" Bildungen der Nacheiszeit, ebenso die Wannen der Seewinkellacken.

Pflanzenwelt

Die nördliche Hälfte des Burgenlands, die Donau-March-Auen und die Hainburger Berge gehören zur pannonischen Florenprovinz, die im Westen bei Wien, der Wachau und im Weinviertel endet. Das Südburgenland ist als geografischer Teil des Oststeirischen Beckens ein Übergangsgebiet zwischen dem alpidischen Florenbezirk und dem pannonischen Raum. Der flächenmäßig kleine pannonische Bereich Österreichs ist überaus artenreich: Von rund 3000 Pflanzenarten, die es in Österreich gibt, gehören etwa 600 zur pannonischen Flora. Die meisten dieser östlichen Steppenpflanzen erreichen hier im Burgenland und in Niederösterreich die Westgrenze ihrer Verbreitung.

Neben dem Klima und dem Relief ist die mineralische Zusammensetzung des Untergrundes ein entscheidender Faktor für das Vorkommen bestimmter Pflanzengesellschaften. Ebenso prägend wie die Wassermenge ist der Mineral-und Säuregehalt (pH-Wert) des Bodens. Manche Arten vertragen z. B. den Überschuss an Calciumionen nicht, mit dem sie auf kalkhaltigem Untergrund fertig werden müssten, andere (etwa viele seltene Orchideen) gedeihen dort hingegen besonders gut.

Die Manna-Esche heißt nach ihren auffälligen Blütenständen auch Blumenesche. Sie besiedelt trockenwarme Kalkstandorte und ist z. B. am Seedamm westlich von Illmitz gut zu sehen.

Typisch für das kontinental-trockene pannonische Gebiet ist Schwarzerdeboden (Tschernosem), entstanden aus feinen Sedimenten (Löss) und meist sehr fruchtbar. Je besser nun die Ansprüche einer Pflanze hinsichtlich Boden und Stoffwechselreaktionen erfüllt werden, desto besser kann sie sich gegenüber anderen durchsetzen. Denn keine Pflanze kann überall gedeihen. Manche Arten sind zwar nicht sehr wählerisch und kommen in vielen Lebensräumen vor, die meisten aber sind mehr oder weniger spezialisiert. Dabei macht es auch einen Unterschied, ob eine Pflanze alleine wächst oder unter Konkurrenzdruck. Da z. B. auf „guten" Böden immer eine starke Konkurrenz herrscht, können sich dort nur wuchskräftige, wettkampftüchtige Arten durchsetzen. Die anderen werden an ungünstige Stellen abgedrängt. Arten, die schlechte Bedingungen verkraften, können dort ungestört wachsen und manche haben sich im Lauf der Evolution zu Spezialisten entwickelt, die an anderen als ihren extremen Standorten gar nicht mehr leben können.

Augebiete: Der Beobachter kann leicht verschiedene Au-Regionen unterscheiden: Auf den Pionierflächen aus Schotter oder Schlick am Flussufer wachsen z. B. Purpurweide, Rohrglanzgras, Barbarakraut, Ampfer und andere „katastrophenfeste" Arten, die es auch überstehen, wenn ihr Lebensraum überspült und umgeräumt wird. Die Weichholzau in der Nähe des Flusses wird bereits bei geringem Hochwasser überschwemmt und besteht vor allem aus Weiden, Schwarz- und Silberpappeln. Aus deren Laub bildet sich Humus, Nährboden für Büsche und krautige Pflanzen wie die gelbblühende Sumpf-Schwertlilie, den Blutweiderich mit seinem roten Blütenstand, Weidenröschen, Igelkolben und das Drüsige Springkraut. In dem Maß, in dem der Boden tiefgründiger und trockener wird, wachsen Bäume aus härterem Holz, etwa Esche, Ulme und Stieleiche. Diese „Hartholzau" findet sich daher in den flussentfernteren, höher gelegenen Abschnitten.

Graugänse brüten an den Seewinkellacken und führen im Frühjahr ihre Gössel aus.

Da im dichten Auwald ein heftiger Kampf ums Licht herrscht, sind einige Pflanzen mit dem Trick erfolgreich, am eigenen Körper zu sparen und sich von anderen hinauftragen zu lassen. Solche Lianen wie Efeu, Waldrebe und Winden geben dem Auwald sein urwaldartiges Aussehen. Manchmal ragen im feuchten Auwald trockene Schotterhügelchen auf. Solche „Heißländen" sind reich an Orchideen, Sand- und Weißdorn, Trockenmoosen und anderen „Savannenpflanzen".

Wechselfeuchte Wiesen: Sie sind, meist in Form von Pfeifengraswiesen, nur selten natürliche Gemeinschaften, sondern Ersatzgesellschaften von Busch- oder Erlenbruchwäldern. Pfeifengraswiesen wurden früher nur im Herbst gemäht und als Stallstreu im Winter genutzt (daher der Name „Streuwiese"). Die langen Halme des Pfeifengrases dienten außerdem zum Reinigen von Tabakspfeifen. Bei Düngung, zu früher Mahd oder Trittschäden von Weidevieh wird das Pfeifengras durch Futtergräser ersetzt. Fehlt die Mahd – die Nachfrage nach Heu wird immer geringer und die Streunutzung ist bereits weitgehend aufgegeben – siedeln sich Büsche und zuletzt ein Erlenbruchwald an. Sinkt der Grundwasserspiegel ab, etwa durch Bachregulierung, so leiden die Pfeifengraswiesen ebenfalls und es stellen sich andere Pflanzen ein. Um die seltene Taglilie, die Sibirische Schwertlilie oder den Österreichischen Kranzenzian sowie den Lebensraum der Wiesenvogelarten zu erhalten, ist daher eine Betreuung dieser Wiesen notwendig. Besonders schöne Streuwiesen liegen bei Neusiedl (Zitzmannsdorfer Wiesen, Wanderung 4) und im Stremtal zwischen Güssing und Luising im Südburgenland (Wanderungen 18, 19).

Pannonische Trockenrasen: Von den Hainburger Bergen bis zum Rechnitzer Galgenberg findet man an sonnenexponierten Hängen, auf Felskuppen oder über sandigen Böden einen ebenso interessanten wie höchst gefährdeten Lebensraumtyp, den Trockenrasen. Darunter versteht man ungedüngte Rasengesellschaften auf trockenen Standorten. Ursprünglich waren sie nur auf Felsrücken, oder steilen, flachgründigen Hängen zu finden. Die meisten der heute noch erhaltenen Trockenrasen Mitteleuropas sind sekundär, also durch menschlichen Einfluss aus Trockenwäldern entstanden. Beweidung und extensive Mahd führten zur Ausbildung blumen- und insektenreicher, offener Landschaften.

Seit dem 19. Jahrhundert änderte sich aber die Landwirtschaft. Zunächst lohnte sich durch den Import billiger Wolle die Schafzucht kaum mehr, nach dem Zweiten Weltkrieg setzte schließlich die Vollmechanisierung ein, was zu einer deutlichen Intensivierung der Landwirtschaft führte. Der Osten Österreichs eignet sich besonders für intensiven Ackerbau, Maiskulturen bedeckten immer größere Flächen. Viehwirtschaft wurde im Burgenland zum Großteil aufgegeben, die Hutweiden wandelten sich zu Weingärten oder Bauland. Die ausgedehnten Trockenrasen, Heimstätte einer Vielzahl seltener Pflanzen und Tiere, waren kommerziell nun wertlos und sind daher in ständiger Gefahr, „nützlichen" Zwecken zu dienen – als Bauland, Motocross-Gelände oder Mülldeponie. Zusätzlich sind jene der verbliebenen Trockenrasen, die ihre Entstehung dem Menschen verdanken, in sich instabil. Es nützt also nichts, sie, unter Naturschutz gestellt, sich selbst zu überlassen. Bald wären sie von Buschwerk überwuchert. Pflegemaßnahmen, auf jedes Gebiet direkt abgestimmt, sind daher Voraussetzungen für ihren Erhalt.

Je nach der Feuchtigkeit des Standorts pflegt die Steppenrasengemeinschaft eine mehr oder weniger starke Sommerruhe. Mit mehreren Strategien passen sich die Pflanzen an die sommerliche Trockenheit an: Viele Arten haben unterirdische Speicherorgane (Zwiebeln, Knollen, Rhizome) und blühen im Früh-

Wenn Hitze und Trockenheit im Sommer die Trockenrasen zu verbrennen scheinen, setzt die Ruthenische Kugeldistel blaue Tupfen in die Landschaft.

jahr oder Herbst. Einjährige übersommern als Samen. Ausdauernde Arten reduzieren die Verdunstung etwa durch schmale Blätter bzw. durch Haare oder Wachsüberzüge auf den Blättern. Gräser schützen sich durch Horstbildung und Einrollen der Blattfläche. Typische Trockenrasenblumen, die man häufig antrifft sind z. B.: Zwerg-schwertlilie, Große und Schwarze Küchenschelle, Frühlings-Adonis-röschen, Zypressen-Wolfsmilch, Schopf-Milchstern, Regensburger Zwerggeißklee, Labkräuter und Königskerzen.

Salzstandorte treffen Feuchtgebiete – Lebensraum Seewinkel: Salzsumpfwiesen und trockene Salzbodenstellen sind extreme Stand-orte, mit denen nur wenige Pflanzen, die Halophyten („Salzlieb-haber") zurechtkommen. Man findet sie im Grenzbereich zwischen Land und Meer und an Binnen-Salzgebieten wie dem Seewinkel um die Lacken. Der Ursprung der heimischen Salz ertragenden Pflanzen liegt wahrscheinlich in den Salzpfannen der asiatischen Steppen und am Mittel-meer. Ihre Ausbreitung erfolgt durch Meeresströmungen und (sehr rasch) durch Zugvögel. Die meisten der Halophyten würden auf besseren Böden auch besser wachsen, sie sind nur durch ihr großes Lichtbedürfnis oder die fehlende Konkur-renzkraft auf diese widrigen Standorte verdrängt. Manche aber sind bereits so spezialisiert, dass sie ohne eine ordent-liche Portion Salz gar nicht mehr recht gedeihen können (z. B. die Salz-Kresse).

Die Darscholacke (Warmsee) nördlich von Apetlon.

Die Salzböden des Inlandes unterscheiden sich etwas von denen am Meer. Während am Meer Kochsalz dominiert, ist es im Seewinkel alkalisches Soda. Die höchsten Salzkonzentrationen fallen im Bin-nenland (wie in Wüsten) bei sommerlicher Trockenheit an, während es in Meeresnähe meist feuchter ist. Daher wachsen im Seewinkel eher zentralasiatische Arten als solche vom Mittelmeer.

Hier wie dort müssen aber alle Pflanzen mit Wassermangel auf den Salzböden kämpfen, da das Wasser von der hohen Salzkonzen-tration im Boden angezogen wird. Außerdem stört der Überschuss an Salzionen die Aufnahme wichtiger Nährstoffe. Halophyten erhöhen daher durch Salzaufnahme die Konzentration in ihrem Zellsaft und können so einen Sog auf das Salzwasser im Boden ausüben. Einen zu hohen Salzgehalt vertragen aber auch diese Spezialisten nicht, daher benötigen sie Möglichkeiten der Regulierung:

- Salz wird ausgeschieden; entweder durch Anreicherung in Här-chen, die dann abfallen (Spieß-Melde) oder gleich durch Abwerfen der mit Salz angereicherten Blätter (Rosettenpflanzen wie Strand-Wegerich, Strand-Dreizack).

- In sukkulenten (fleischig verdickten) Blättern wird der Zellsaft durch verstärkte Wasseraufnahme verdünnt (Salz-Kresse, Pannonische-Salzmelde); das ist typisch im Seewinkel.

Die „schwierigsten" Standorte sind jene Solontschak-Böden, denen der Wind ihre Sandschicht abgeblasen hat, sodass das Salz an der Oberfläche liegt. Da ziemlich kahl, heißen solche Stellen „Blindzick" (von ungarisch Szik, Soda). Hier ist die Salz-Kresse mit ihren tief reichenden Wurzeln als Pionier zunächst allein. Hat sich um die Kressen etwas Erde gesammelt, können auch andere Halophyten überleben. Ebenfalls sehr salztolerant ist der Queller, der mit der Methode „Sukkulenz" Salz und Trockenheit trotzt.

Die kleinen Laubfrösche sitzen gut getarnt im Gebüsch und sind die größten Krakeeler im Froschkonzert.

Tierwelt

Viele Tierarten sind an das Vorkommen bestimmter Pflanzen gebunden, z. B. Blüten besuchende Insekten; oder Schmetterlingsraupen und andere Insektenlarven an ihre Futterpflanzen. Andere Tierarten stellen eher Ansprüche an die Struktur eines Gebiets. Diese reicht am Ostrand Österreichs von bewaldeten Bergrücken über Feuchtwiesen, Trockenrasen und Auwäldern bis zu den Steppen und Salzlacken des Seewinkels. Diese vielgestaltige Landschaft zwischen den Ausläufern der Alpen und dem pannonischen Tiefland ergibt einen in Mitteleuropa einmaligen Landschaftsraum.

In den **Augebieten** bewirkt die Vielfalt an Lebensräumen und deren enge Verzahnung einen in Mitteleuropa konkurrenzlosen Artenreichtum. Man schätzt, dass an die 5000 Tierarten solche Landschaften nutzen. Damit steht fest, dass die Aulandschaften östlich von Wien hinsichtlich ihrer Tierwelt zu den wertvollsten Gebieten Mitteleuropas gehören. Auf den Kiesbänken fühlen sich Graureiher der Jagd wohl, da sie einen guten Überblick haben; Kormorane und Enten rasten, der Flussuferläufer brütet dort. Die Neben- und Altarme sind essentielle Kinderstuben für die Fische, während Eisvögel und Uferschwalben steile Uferwände für Bruthöhlen nützen können. In den stilleren Abschnitten bauen Biber und Bisam ihre Wohnungen, sonnt sich die Europäische Sumpfschildkröte. Außerdem leben 12 Amphibienarten in den Donauauen und alle diese Lurche sind (nicht nur in Österreich) selten geworden – wie auch viele der buntgefärbten Libellenarten die hier über das Wasser flitzen.

Der prächtige Hirschkäfer braucht naturnahe Eichenbestände als Lebensraum und Nahrung für sich und seine Larven.

Pannonische Trockenrasen: Die Tierwelt von Steppen und Trocken-rasen wird dominiert von Wärme liebenden Insekten und anderen Gliederfüßer-Gruppen, die in diesen Lebensräumen in unglaublicher Artenzahl flattern, schwirren, hüpfen und krabbeln. Zebraspinne, Schmetterlingshaft, Widderchen, Schachbrettfalter oder Gottes-anbeterin trifft man regelmäßig. Die Kerbtierentwicklung beginnt im Frühjahr, ab Juni herrscht Hochbetrieb. In der Sommerhitze verschieben viele Arten ihre Aktivitäten in den Abend und in die Nacht, die um diese Jahreszeit interessanter als der Tag sein kann. Wärme liebend sind auch die Kriechtiere, von denen aber nur weni-ge Arten in den Trockengebieten vorkommen. Typisch sind die leuchtendgrüne Smaragdeidechse, an vielen Stellen des Burgenlands häufiger als die sonst eher verbreitete Zauneidechse, sowie auf buschreichen Flächen die Äskulapnatter. Sogar Lurche besiedeln diesen Lebensraum: Die grün gefleckte Wechselkröte braucht nur für ihren Nachwuchs stehende Wasser. Sonst trotzt diese Steppen-art Winterkälte wie sommerlicher Trockenheit.

Unter der Oberfläche regt sich ebenfalls reichlich Leben, so man-cher gräbt sich ein. Entweder zur Jagd – der Ameisenlöwe, die Larve der Ameisenjungfer, wartet in der Mitte kleiner Trichter im Sand auf unvorsichtige Ameisen; oder um eben nicht gefressen zu werden: Kaninchen, Mäuse und eine Besonderheit Pannoniens, das Ziesel, ein Bewohner osteuropäischer Kurzrasensteppen. Denn draußen lauern Steppeniltis, Wiesel, Weihen, Bussarde und Falken.

Lebensraum Seewinkel: Das Zusammentreffen von Salz-böden und Feuchtgebieten, mit dem die Pflanzen ziemli-che Probleme haben, behagt hingegen einer großen Anzahl von Tierarten. Die Seewinkellacken sind ein Paradies für Watvögel aller Art, die, geschäftig im Boden stochernd, ihrer Nahrungssuche nachgehen. Das Zusammentreffen von Feuchtgebieten, vegetastionsarmen, „wattartigen" Flächen und ungedüngten Wiesen machen die Region Neusiedler See-Seewinkel zu einem der „Vogelparadiese" Mitteleuro-pas. Bis zu 330 Arten sind jedes Jahr zu beobachten, etwa 150 brüten in der Region. Das ganze Jahr herrscht reiches Vogelleben im Seewinkel. Besonders ausgeprägt zu den Zugzeiten, da das Gebiet ein wichtiger Rastplatz auf den Zugstrecken von der bzw. in die Paläarktis (nördliches Eur-asien) ist. Neben der Vogelwelt zieht noch eine Tiergruppe viele Besucher im Frühjahr und im Sommer ganz speziell hierher: die Libellen. Etwa 50 Arten dieser eleganten „Miniaturhubschrauber" leben in der Region und sind bei Spaziergängen an den Lacken gut zu beobachten.

Mit seinem speerartigen Schnabel lauert der Graureiher geduldig auf einen Fisch.

Der Weißstorch

In den letzten August- und ersten Septembertagen fliegt Meister Adebar ab in Richtung Afrika.

Er ist das „Wappentier" des Burgenlands und der Niederösterreichischen Marchauen – Meister Adebar, der „Storch". Genau genommen ist es der Weißstorch, der sich als Kulturfolger dem Menschen angeschlossen hat, während „Vetter" Schwarzstorch wesentlich zurückgezogener lebt. Ursprünglich bewohnte der Weißstorch natürlich auch nicht den Kamin, sondern nistete in Bäumen (paarweise oder als Kolonie), so wie heute noch in der Storchenkolonie Marchegg. Erst vor etwa 100 Jahren entdeckten die Burgenländer Störche den Wohnort Rauchfang. Störche können 25 Jahre alt werden und kehren jedes Jahr gern zum selben Horst zurück, an dem dann weitergebaut und aufgedoppelt wird. Außer Zweigen, Reben und Grasbüschel landet auch allerlei Zivilisationsmüll im Horst. Das kann für die Jungen unangenehm werden, wenn sie sich in einer Schnur verheddern oder das Regenwasser durch abdichtende Plastikschichten nicht mehr ablaufen kann. Der schwerste bisher gewogene Storchenhorst erreichte drei Meter Höhe und wog fast 1000 kg. Die Horste der Marchegger Kolonie sind zwar schon recht alte „Dauerbaustellen", aber selbst die größten von ihnen erreichen keine 500 kg.

Das bekannte Klappern des Storchs dient vor allem der Begrüßung des Partners am Horst, aber auch der allgemeinen Kommunikation.

Schwer- und Leichtgewichte

In den letzten August- und ersten September- tagen fliegen die Störche ab in Richtung Afrika. Wie die osteuropäischen Störche ziehen die „Österreicher" über den Bosporus nach Ostafrika. Die Meerengen wählt der Storch, da er ein ausgesprochener Gleitflieger ist, der warme, aufsteigende Luft zum Segeln braucht. Seine Brustmuskulatur ist nicht besonders kräftig und mit einem Gewicht bis zu 4 kg gehört der Storch bereits zu den Schwergewichten unter den Vögeln. Im Vergleich dazu schlägt der Graureiher ständig mit den Flügeln und segelt wesentlich weniger. Allerdings wiegt der schlanke Reiher als extreme „Leichtbaukonstruktion" nur etwa 1,5 kg. Im Flug sind Storch und Reiher leicht zu unterscheiden: Der Storch streckt den Hals lang aus, der Reiher zieht ihn s-förmig ein.

Nähert sich z. B. ein fremder Storch auf Wohnungssuche, so wird er nach dem Prinzip „weg da, hier ist besetzt" vertrieben. Trotzdem kann es um begehrte Horstplätze zu ordentlichen Raufereien kommen. Zwischen Mitte April und Anfang Mai werden die Eier gelegt und etwa einen Monat lang ausgebrütet.

Während bis 1978 im Burgenland bis zu 230 Storchenpaare brüteten, ging in den Jahren danach ihre Population dramatisch zurück. Der Grund – den beliebten Vögeln wurde das Futter knapp, das sie gern auf artenreichen Feuchtwiesen und extensiv bewirtschafteten Flächen suchen. Denn der Storch ist Sichtjäger und kann nur auf niedrig bewachsenen Flächen ausreichend Nahrung für sich und seine Kinder finden.

Auf den Wiesen ist Adebar gerne hinter Feldmäusen her, die er am liebsten „gebacken" mag. Immer wieder wird auf Feldern das alte Stroh verbrannt (ist mittlerweile zwar verpönt, aber nicht verboten). Brennt das Feld, sind die Mäuse in Bedrängnis und kommen aus ihren Löchern. Der Storch braucht sie nur noch, dem Inferno folgend, einzufangen. Auf überschwemmten Flächen jagt er nach Fröschen und verschmäht auch eine zufällig erbeutete Ringelnatter nicht. Den größten Anteil am Menüplan haben aber Insekten, besonders Heuschrecken, die der durch die Wiese schreitende Storch flink aufsammelt.

Wo jedoch die Wiese verschwindet, verschwindet der Heuschreck, und wo kein Heuschreck, da kein Storch. Doch während sich für das Fehlen einiger Heuhüpfer außer zoologischen Spezialisten nur wenige interessierten, erweckte die schwindende Storchenzahl die nötige Besorgnis. Nun versucht man den Tieren wieder genügend gemähte „Futterwiesen" anzubieten. Eine Maßnahme, die auch manch anderer Wiesenvogel-Art zugute kommt. Im Seewinkel war 2000 daher ein besonders gutes Storchenjahr, 34 Paare zogen 77 Junge auf.

In Marchegg ist dieses Problem weit weniger aufgetreten. In der Kolonie leben etwa 60 Paare, deren wichtigstes Nahrungsreservoir die ausgedehnten slowakischen Marchauen sind. Die Feuchtwiesen auf österreichischer Seite sind ja schon seit langem trockengelegt. Im Frühsommer 1999 aber mähten die Slowaken hre Wiesen nicht mehr, denn staatliche Subventionen wie vorher gab es nicht mehr, Viehwirtschaft nur wenig und Reitställe, die Heu brauchen, kann sich dort keiner leisten – wozu also mähen. Das drastische Ergebnis: Im hohen Gras fanden die Störche nicht mehr genug Nahrung und etwa die Hälfte der Jungvögel der Kolonie verhungerte. Es ist nun Aufgabe des übernationalen Naturschutzes, sich in Zukunft um eine Mahd in der Slowakei zu kümmern.

Naturwandern

Verhaltensregeln

Naturtourismus wird manchmal als eine etwas zweischneidige Sache gesehen, denn die meisten Tier- und Pflanzenarten brauchen Ruhe und jede Störung gefährdet die fragilen Ökosysteme weiter. Gerade so genannte Naturliebhaber – der anpirschende Tierfotograf, der ausharrende Angler oder der still kampierende Paddler – können etwa den Bruterfolg scheuer Wasservögel massiv stören und das Betreten von Flächen mit seltenen Pflanzen kann diese in Mitleidenschaft ziehen. Doch die Zeiten, als der beste Schutz eines Gebiets seine Abgeschiedenheit war, sind inzwischen weltweit vorbei. Die Chance für ein auch nur halbwegs zugängliches, mitteleuropäisches Areal, unbeeinflusst zu bleiben, ist gleich Null. Aus Flüssen wurden Kanäle für Kraftwerke, aus Auen und Wiesen Monokulturen und Weingärten, aus Laubwäldern Wirtschaftsforste. Die Grundlage von Natur- und Artenschutz ist aber der Schutz des Lebensraums. Denn was nützt etwa ein Pflückverbot für seltene Küchenschellen, wenn auf den Trockenrasen inzwischen Häuser stehen und es die Blumen gar nicht mehr gibt?

Die letzten naturnahen Lebensräume zu schützen bedeutet jedoch, dort auf wirtschaftlichen Ertrag zu verzichten, bedeutet sogar Kosten für die notwendige Pflege. Nur wenn viele Leute daran Interesse haben, wenn ein Bewusstsein für den Wert der Natur an sich vorhanden ist und wenn die intakten Naturgebiete Besucher anlocken, die den Einheimischen als Touristen Einnahmen bringen, ist großräumiger Biotopschutz überhaupt möglich. Grundsätzlich gilt:

Betreten von Schutzgebieten nur auf den Wegen. Denn alles abseits der Wege „Anschleichende" oder „Lauernde" ist für Wildtiere bedrohlich. Angst vor dem Jäger macht alle Zweibeiner grundsätzlich verdächtig und steigert die Fluchtdistanz erheblich. Im Nationalpark Seewinkel gewöhnen sich die Tiere bereits an feste Verkehrswege der Menschen, verlieren so mit der Zeit ihre Scheu und lassen sich viel besser beobachten.

Keine Pflanzen pflücken oder Tiere sammeln. Das sollte in Schutzgebieten eigentlich selbstverständlich sein. Doch ist z. B. der schmale Hochstaudensaum am Waldrand des Rohrbacher Kogels wegen der Blumen pflückenden Besucherscharen schon beinahe verschwunden und fast nur noch in einem eingezäunten Privatgrundstück zu bewundern.

Keine Picknicklager, Zelte oder gar offene Feuer.

Kleiner Öko-Knigge zum schnellen Merken:

Nimm nichts mit!

Lass nichts zurück!

Zerstöre nichts!

Schädige nichts durch dein Verhalten!

Weingärten
(hier: Siegendorfer
Puszta) prägen weite
Gebiete im Osten und
Südosten Österreichs.

10 top
themen

Zurndorfer Eichenwald und Feuchtbiotop

Naturrelikte der Parndorfer Platte

Info

Anreise: Zurndorf liegt an der B10, 20 km östlich von Bruck an der Leitha bzw. 6 km nördlich der A4 (Ausfahrt 57). Zum Eichenwald im Südosten von Zurndorf: Neben der Brücke der B10 über die Bahn in die westliche Nebenstraße und unter der Bahn hindurch. Dahinter Feldweg zum Eichenwald. Zum Feuchtgebiet an der Leitha: Von der B10 nach Norden bis zur Leithabrücke und dort rechts.
Karte: freytag & berndt WK 271.
Hinweis: Durch das Feuchtbiotop geleiten informativ aufbereitete Lehrtafeln.

Die Parndorfer Platte ist eine weitläufige Aufschotterung eines zwischeneiszeitlichen Donaulaufs und war einst komplett mit lichtem pannonischem Eichenwald bedeckt. Der ist weg – bis auf ein paar Reste. Besonders jener im Süden von Zurndorf vermittelt einen schönen Eindruck, wie es früher einmal aussah, da er in strukturiertem Gelände wächst; zehn Meter Höhenunterschied genügen dazu vollauf.

Von der Bahnunterführung Zurndorf aus spazieren wir durch den Trockenrasen der Buhöh, einer ehemaligen Hutweide bis zum Wald. Im Osten des Eichenwalds breiten sich zur Landstraße hin Brachflächen aus, ab Juni sind sie voll mit Natternkopf und großen Königskerzen. Am Waldrand wachsen Zwergmandel, Diptam und Brandkraut. Eine Besonderheit der offenen Flächen ist der Silberblatt-Salbei (*Salvia aethiopis*; benannt nach seinen haarigen Blättern), ein asiatisches Steppenelement. Im Herbst bricht die dürre Pflanze ab und der Wind treibt sie samt Samen als „Steppenroller" durch die

Das Pfaffenhütchen (Pfaffenkäppchen) wächst gerne an Waldrändern und ist giftig.

Der Leitha-Altarm bei Zurndorf vermittelt den typisch „urwald-artigen" Au-Eindruck.

Gegend. Kaninchen, singende Lerchen und Schachbrettfalter sind ebenfalls häufig, die zoologische Besonderheit bildet ein Pärchen Kaiseradler *(Aquila heliaca)*, mit dem die Art seit einiger Zeit wieder in der Gegend brütet.

Der Wald ist Privatbesitz und in viele streifenförmige Parzellen geteilt, was ihn hübsch auflockert. Hier gibt es die vier in Panno-nien heimischen Eichenarten: Flaum-, Zerr-, Stiel- und Trauben-eiche; dazu Feldahorn und Ulme. Teile sind mit Robinien aufgefor-stet und diesen wuchsfreudigen Fremdling werden die Gebiets-betreuer nun nicht mehr los. Die Rehe im Wald sind eigentlich „Zuchtwild", denn es gibt zahlreiche Viehtränken und sie erhalten das ganze Jahr über Kraftfutter – das bringt schöne Trophäen und Geld für die Jagdherren. Daher sorgt die Jagd dafür, dass der Wald (weil auf diese Weise Gewinn bringend) für viele Lebewesen, die ohne ihn nicht existieren könnten, in relativ naturnahem Zustand erhalten bleibt.

Die offenen Brach-flächen am Ostrand des Eichenwalds beherbergen impo-sante Königskerzen.

An mehreren Stellen ist man derzeit dabei, der zu einem Kanal regulierten Leitha wieder ein wenig von ihren Auen zurückzugeben. Das 1996 eingerichtete Schaugelände mit einem kleinen Teich im Leitha-Altarm am Nordwest-Rand von Zurndorf ist zwar ein Bio-top aus zweiter Hand, aber schon wegen sei-ner ausführlichen Lehrtafeln einen Besuch wert; und natürlich bekommt man hier mit verschiedenen Libellen, Blutweiderich, Rohr-kolben und Seerosen einige der typischen Teichbewohner zu sehen.

Bienenfresser-Lösswand Weiden

Die buntesten Vögel unserer Heimat

Info

Anreise: Weiden liegt 1 km östlich von Neusiedl am See (A4, Ausfahrt 51). Etwa 500 m östlich von Weiden zweigt von der B51 (Nebenfahrbahn mit Parkgelegenheit) ein Schotterweg zu den Lösswänden (mit Beobachtungshütte) am Hang des Ungerbergs (165 m) ab, die man in wenigen Minuten erreicht.

Karte: freytag & berndt WK 271.

Die beiden Lösswände sind ein privates Schutzgebiet für eine Bienenfresserkolonie. Von einer Hütte aus lassen sich die Vögel nach ihrer Ankunft im Mai störungsfrei beobachten und mit sehr langer Brennweite (ab 800 mm) auch fotografieren. In einigen Bruthöhlen nisten gerne Falken und manches Jahr ist sogar ein Steinkauz *(Athene noctua)* zu Gast. Ab Juli kommen die dann schon großen Bienefresser-Jungen von selbst zum Ausgang. Dies ist ebenfalls eine gute Beobachtungszeit, sofern es nicht zu heiss ist. Ab Mitte August beginnt bereits der Zug in den Süden.

Der Bienenfresser *(Merops apiaster)* ist neben dem Eisvogel der farbenprächtigste Vogel Europas. Als geselliger Koloniebrüter lässt er ständig seinen Flugruf, ein weiches „prürr", ertönen. Bienenfresser graben über einen Meter lange Niströhren in Löss- oder Sandabhänge. Dazu hacken sie das Erdreich mit dem Schnabel auf und scharren es dann mit den Füßen hinaus. Den Namen erhielten die Tiere nach ihrer Vorliebe für Wespen, Bienen und Hummeln. Von einem Ausguck aus warten sie auf vorbeischwirrende Insekten, die dann in schwalbenartigem Flug erbeutet werden. Hat ein Vogel ein Kerbtier erwischt, schlägt er es mehrmals auf eine harte Unterlage und knetet es durch, bis der Stechapparat nicht mehr arbeiten kann und die Giftblase ausgequetscht ist. Auch nichtstechende Insekten erfahren manchmal „vorsichtshalber" dieselbe Behandlung.

Die bunten Bienenfresser jagen nach vorbeisurrenden Insekten.

Die Zieselkolonie bei St. Andrä

Ganz nah an Europas „Präriehunden"

Als Bewohner der osteuropäischen Steppengebiete erreichen die Ziesel *(Citellus citellus)* am Westrand Pannoniens auch ihre westliche Verbreitungsgrenze. Die Abnahme der pannonischen Trockenrasen hat zu einem dementsprechenden Rückgang der „Europäischen Präriehunde" geführt, und wenn Krankheiten ausbrechen oder es sonst ein Problem gibt, können sich die dezimierten Kolonien nur schwer erholen (wie in den letzten Jahren um die Lange Lacke). Nur dort, wo es die possierlichen Nager gelernt haben sich als Kulturfolger dem Menschen anzuschließen, gedeihen sie prächtig. Das ist neben dem Truppenübungsgelände einiger Kasernen besonders auf dem Campingplatz am Zicksee bei St. Andrä der Fall. Das gesamte Areal rechts des Eingangs, vom Zaun bis zur Liegewiese am Ufer, ist von den Tierchen bewohnt, die sich hier zu den Frühstückszeiten kugelrund fressen – am liebsten mit Mannerschnitten und Nusskipferl.

Besonders aktiv sind sie während der Jungenaufzucht im Mai und im Juni. Mit dem Beginn der Sommerhitze bleibt die Familie lieber im kühlen Bau und taucht nur zu den „Futterzeiten" auf – eine aufwendige Nahrungssuche ist im „Zieselparadies" ja nicht notwendig. Wenn mit abnehmender Besucherzahl im September der Futternachschub „zu wünschen übrig lässt", zieht man sich wohlgenährt zum ausgiebigen Winterschlaf zurück.

Info

Anreise: St. Andrä liegt an der B51 Neusiedl-Seewinkel, 6 km südlich von Frauenkirchen. Im Ort nach Westen, vorbei an der Kirche und über die Bahn. Nach 1 km erreicht man den Campingplatz am Zicksee mit der Zieselkolonie.
Beobachtungszeit: April bis Juni, im Sommer abends.
Information: Nationalpark Info-Zentrum am Nordrand von Illmitz.
Karte: freytag & berndt WK 271.

Der beste Platz Ziesel zu sehen: Der Campingplatz am Zicksee.

35

Trappenschutzgebiet Hanság

Der schwerste Vogel, der noch fliegen kann

Info

Anreise: Andau und Tadten sind die beiden östlichsten Dörfer im Seewinkel. Von beiden führt jeweils eine Landstraße (zugleich Radweg B22) nach Südosten zum Einserkanal an der ungarischen Grenze. Etwa in der Mitte der Strecke liegt zwischen den beiden Straßen das Trappenschutzgebiet.

Information: Nationalpark-Infozentrum am Nordrand von Illmitz.

Karte: freytag & berndt WK 271.

Hinweis: Auf jeder Seite des Schutzgebiets steht ein Beobachtungsturm. Am ehesten sieht man die Tiere im Frühjahr (Balzzeit) nach Sonnenaufgang (daher die Andauer Straße nehmen und nach Westen blicken).

Der Hanság (sprich Hanschag), auf deutsch auch Waasen genannt, war als Fortsetzung des Neusiedler Sees nach Osten hin ein riesiges Sumpf- und Feuchtwiesengelände, etwa doppelt so groß wie der See. Der österreichische Anteil im Seewinkel südlich von Wallern und Andau ist bis auf einen Rest entwässert und kultiviert. In Ungarn bestehen noch einige Teile, die im Frühjahr großflächig überschwemmt sind; und da dort seit 1989 immer wieder bewirtschaftete Hanság-Flächen aufgelassen werden, versucht die Regierung in vorbildlicher Weise, möglichst viel davon zu erwerben und wieder der Natur zu überlassen.

In solchen Steppenlandschaften lebt der größte Vogel Europas (und mit bis zu 18 kg der schwerste flugfähige Vogel überhaupt), die Großtrappe *(Otis tarda)*. Die scheuen Tiere kommen in Österreich nur noch im Seewinkel, auf der Parndorfer Platte und im Marchfeld vor und ihre Zahl ist durch die Intensivierung der Landwirtschaft seit 1940 von 800 auf etwa 100 Exemplare gesunken. Immer wieder kommt es zu Unfällen der durch ihre Größe nicht schnell manövrierfähigen Vögel an Stromleitungen. Lieber gehen sie daher zu Fuß und rennen bei Gefahr davon.

Großtrappenhahn

Die Ebenen des Seewinkels werden von schmalen Wind- schutzstreifen etwas gegliedert. Gestapelte Strohtristen benützen manchmal Steinkäuze zur Jungenaufzucht.

Der letzte österreichische Hanság-Rest ist als Schutzgebiet speziell für die Trappen eingerichtet. Durch seine Ausdehnung (1 km lang, 1,5 km breit) ist für die Beobachtung der Tiere ein Fernrohr beson- ders nützlich. Selbst im Feldstecher wirken sie recht klein. Günstig ist der zeitige Morgen im Frühjahr. Dann kommen die Vögel manch- mal näher zur Straße und die Hähne zeigen ihre beeindruckende Balz, bei der sie das Gefieder wie ein überdimensionaler Paradies- vogel sträuben und spreizen und so die Trappen-Damenwelt goutieren lassen. Im Winter sind die Tiere ebenfalls oft zu sehen, dann ver- sammeln sie sich in Gruppen, um gemeinsam unter der Scheedecke nach Körnern und Gräsern zu scharren.

Das Braunkehlchen bevorzugt offenes Gelände mit etwas Gebüsch als Lebensraum.

Außer den Trappen leben im Schutzgebiet Wiesenweihe, Großer Brachvogel und Wachtel. In den Windschutzgürteln und Sträuchern ist immer etwas los; z. B. gibt es dort Neuntöter sowie Schwarz-, Braun- und Blaukehlchen zu sehen. Im Mai kann ein Ab- stecher zum Einserkanal loh- nend werden: Dort hat sich die Osterluzei in den letzten Jahren ausgebreitet, und daher fliegt nun im Mai der farbenprächtige Osterluzei- falter *(Zerynthia polyxena)*. Im Herbst eignen sich die beiden Türme gut zur Beob- achtung von Greifvögeln und im Winter kommen von Un- garn Seeadler.

Blick vom Kirchhügel auf Donnerskirchen und die Felder bis zum Neusiedler See.

Der Kirchhügel von Donnerskirchen

Trockenrasen am steilen Hang

Info

Anreise: Von Eisenstadt auf der B50 13 km nach Nordosten. Donnerskirchen erstreckt sich am Fuß des Leithagebirges von der B50 in den Teufelsgraben, die Kirche liegt wenige Gehminuten oberhalb des Zentrums.
Karte: freytag & berndt WK 271.

Von der Kirche von Donnerskirchen aufwärts zieht sich ein landschaftlich auffallender Trockenrasen den Süd- und den Südwesthang des Kirchberges bergan. Wie am benachbarten Thenauriegel wächst hier auf einem Untergrund aus Leithakalk und etwas Silikat ein Furchenschwingel-Trockenrasen mit den typischen Blumen der pannonischen Trockenrasen. Hinter der Kirche führt ein Querweg um den Hügel, östlich wie westlich der Kirche zweigen davon zwei Pfade ab, die direkt durch den Trockenrasen 70 Höhenmeter bergan führen.

Vom April bis in den Juni blüht es hier reichlich, beginnend mit der Großen Küchenschelle und dem Wiesen-Gelbstern, gefolgt von Frühlings-Adonisröschen und Schwarzer Küchenschelle. Im Juni sieht man etwa die Schopfige Traubenhyazinthe, Stockrosen und die Steppen-Glockenblume. Bis in den Juli hinein blühen der Kugel-Lauch und die Pracht-Königskerze, erst im Spätsommer der Gelbe Zahntrost.

Den Wegrand besiedelt ein auf trocken-warmen Standorten häufiges Gewächs, vom Braunsberg bis zum Ruster Höhenzug regelmäßig zu sehen – die **Zypressen-Wolfsmilch** *(Euphorbia cyparissias)*:

Die anpassungsfähige Pflanze stellt nur geringe Ansprüche an die Bodengüte und tritt daher besonders als Erstbesiedler kahler Flächen oder an Wegrändern auf. Ihre schmalen Blätter verringern die Verdunstung und der giftige Milchsaft speichert viel Flüssigkeit im Gewebe; ein weit verzweigtes Wurzelsystem ringt auch trockenem Boden genügend Feuchtigkeit ab. Mit Trockenheit werden solche Wolfsmilchgewächse daher problemlos fertig. Einige Spezialisten dieser Familie sehen gar aus wie ein Kaktus und haben auch deren ökologische Nische in den Wüsten der Alten Welt eingenommen. Der kräftige Erdspross treibt Sprosse in alle Richtungen, wodurch die Zypressen-Wolfsmilch oft in Grüppchen auftritt. Bei ihrer raschen Ausbreitung helfen auch die Samen. Sie werden aus einer Kapsel weggeschleudert und besitzen ein eiweißhältiges, bei Ameisen beliebtes Anhängsel, weshalb die Insekten die Samen gerne verschleppen.

Ab dem späten Frühjahr entwickelt sich am Kirchhügel ein reiches Insektenleben, besonders die Schmetterlinge fallen auf. Schwarzweiße Schachbrettfalter, rotgefleckte Blutströpfchen, weißgetupfte Weißfleckwidderchen oder die prächtigen Segelfalter. Wie überall am Osthang des Leithagebirges leben auch hier über Donnerskirchen Smaragdeidechsen. Der Gipfel des Hügels bietet eine weite Aussicht über den Neusiedler See. Er ist mit Weißdornbüschen, Ahorn und Robinien bewachsen, beim häufig blasenden Wind ziehen sich die Schmetterlinge hierher zurück.

Die bis zu 1 m hohe Filz-Glockenblume blüht ab Juni auf pannonischen Halbtrockenrasen und in lichten Eichenwäldern.

Das Siebenbürger Perlgras (Melica transsylvanica) ist ein auffallendes Element pannonischer Trockenrasen.

Kreidesteinbruch Müllendorf und Zylinderteich

Wo Haie ihre Kreise zogen

Info

Anreise: Müllendorf liegt 3 km westlich von Eisenstadt an der A3 (Abfahrt 34). Zwischen Müllendorf und dem nördlichen Nachbardorf Hornstein verstaubt der Kreidesteinbruch am Westhang des Leithagebirges unübersehbar die Umgebung. Eine Zufahrt von der B16 endet unterhalb des Steinbruchs. Das Schutzgebiet Zylinderteich grenzt, 4 km entfernt, an die Straße Hornstein–Pottendorf.

Karte: ÖK 50 Nr. 77.

Öffnungszeiten: An Wochenenden kann man frei durch den Steinbruch gehen, unter der Woche mit Erlaubnis (vor Ort).

Versteinerte Muscheln.

Der Müllendorfer Kreidesteinbruch gräbt sich in ein Riffgebiet aus Leithakalk und Kalk-Sandstein, enstanden im mittleren Miozän vor 11 bis 16 Millionen Jahren. Die Bedingungen dieses Sarmat-Meeres waren ähnlich denen im heutigen Roten Meer, in den fossilienreichen Riffen findet man z. B. Austernbänke, Bohrmuscheln, Korallenstücke und Haifischzähne. In einem großen Teil des Areals liegt der Leithakalk als weiche Kreide vor, die zu Tafelkreide für die Schulen verarbeitet wird.

Von der kleinen Parkfläche beim Schranken führt ein Waldweg geradeaus in einen alten Teil des Steinbruchs, der Fahrweg nach rechts in den weitläufigen Mittelteil, wo die Kreide flächig abgebaut wird. In frisch umgegrabenen Gebieten dieser weiten Fläche sowie an ihren Randstufen wäscht der Regen oft Brassen- und andere Fischzähne und manchmal kleine, abgeflachte Seeigel frei. Solche Seeigel leben noch heute in sandigen Buchten subtropischer Meere. Den oberen Abschluss des Steinbruchs bilden einige Riffe aus hartem Korallenkalk mit zahlreichen versteinerten Austern. Zu einem weiteren Riff-Felsen führt ein Feldweg rechts unterhalb des Steinbruchs.

Das Areal Zylinderteich ist der Überrest weitläufiger Weiden und Wiesen, die der intensiven Landwirtschaft weichen mussten. Der Teich wurde einst als Viehtränke angelegt, doch blieb er nach dem Ende des Weidebetriebs für 40 Jahre sich selbst überlassen. Buschwerk stellte sich ein und Aufforstungen mit Pappeln und Föhren förderten die Bewaldung zusätzlich. So klein die naturnahe Fläche ist, als eine der wenigen Feuchtgebietsreste westlich des Leithagebirges nützen sie Zugvögel zur Rast und die heimische Vogelwelt als Nahrungsraum. Uferschwalben haben in der Nähe eine Kolonie, bunte Bienenfresser sind zu sehen und mehrere Reiherarten kommen vorbei. Den Schilfgürtel um den Teich umgeben einige kleine Feuchtwiesen, Standort von Sibirischer Schwertlilie und Trollblume.

Willersdorfer Schlucht

Am Rand der Buckligen Welt

Das ziemlich unberührte, nicht sehr schluchtartige Tal am Ende der Buckligen Welt reicht bis zum Dreiländereck, der Grenze zwischen der Steiermark, Niederösterreich und dem Burgenland. Es vereint Bachaue, Feucht- und Magerwiesen, sowie Mischwald an den Hängen, der sich im Herbst leuchtend bunt färbt. Auf mehreren Brücken können wir zwischen den beiden Bachseiten hin und her wechseln und die unterschiedlichen, eng benachbarten Lebensräume besuchen. Diese vielen Kleinstrukturen machen das Gebiet sehr artenreich, hier kommen viele Orchideen, Schmetterlinge und Käfer vor, Amphibien und Reptilien finden wie seltene Pflanzen einen intakten Lebensraum. Die geschützte Lage zwischen steilen Flanken bedingt am Willersbach hohe Luftfeuchtigkeit, was der Mondviole (Ausdauerndes Silberblatt; *Lunaria rediviva*) ebenso wie dem Straußenfarn *(Matteuccia struthiopteris)* behagt.

Die Blumenwelt beginnt mit Frühlings-Krokus und endet im Herbst mit Alpenveilchen und Herbstzeitlose. Dazwischen gibt es Besonderheiten wie den Großblütigen Fingerhut, den Schwalbenwurz-Enzian und zahlreiche Orchideenarten: Von diesen tauchen als erste im Mai auf Magerwiesen Helm-Knabenkraut (im Südburgenland nur hier) und Kleines Knabenkraut auf. Dann folgen in feuchten Wiesen Geflecktes und Breitblättriges Knabenkraut; bis in den Sommer blühen dort Großes Zweiblatt und Sumpf-Ständelwurz. Orchideen des Waldes sind von Mai bis zum August zu sehen: Weißes und Langblättriges Waldvöglein, Waldhyazinthe, Vogel-Nestwurz, Breitblättrige und Braunrote Ständelwurz.

Vögel am Wasser sind Wasseramsel und Eisvogel (siehe Wanderung 17). Der Wendehals hält sich gut getarnt im Buschwerk auf, Wespenbussarde kreisen über den Wiesen. Solche an Laub- und Mischwald grenzende Wiesen mögen der Aurorafalter (April–Juni) und der Schwarze Apollo (Mai–Juli), sofern es Lerchensporn als Futter für die Raupen gibt. Mit diesen speziellen Ansprüchen hat der Schwarze Apollo ebenso die zweifelhafte Ehre auf der Roten Liste der gefährdeten Arten zu prangen, wie der Orangerote Heufalter (Myrmidonenfalter), eine Steppenart auf sonnigen Hängen.

Info

Anreise: Nach Oberschützen (5 km nördlich von Oberwart bzw. von der A2 Ausfahrt Pinkafeld und 10 km nach Osten) und dort auf der Westseite des Willersbachs 3 km nach Willersdorf. Dort geht man am Bach die Anrainerstraße nach Norden und vorbei an kleinen Fischteichen bis zum Beginn des Schutzgebiets.
Karte: freytag & berndt WK 422.
Hinweis: Das Freilichtmuseum im nahen Bad Tatzmannsdorf zeigt traditionelle Bauformen des Burgenlands.

Der Schwalbenwurz-Enzian zeigt die Verbindung zu den Alpen an.

Die Auwiesen im Zickenbachtal

Ein Bach im Hügelland

Info

Anreise: Von Güssing nach Westen vorbei an den Fischteichen 14 km bis nach Eisenhüttl bzw. von Oberwart auf der B57 20 km in Richtung Güssing und hinter Stegersbach nach rechts abbiegen.
Karte: freytag & berndt WK 423.
Hinweis: Lohnend ist das liebevoll eingerichtete Freilichtmuseum bei Gerersdorf nach der halben Strecke von Güssing her; geöffnet: Ostern–Oktober 9–17, Sa, So 10–18 Uhr, Eintritt 3 €, Kinder 1,50 €.

Wiesen und Felder im Zickenbachtal.

Zwischen Strem und Lafnitz breitet sich das bis zu 380 m hohe Kukmirner Hügelland mit seinen Streuobstwiesen aus. Es wird vom Zickenbach entwässert. Dieser ist zum Großteil reguliert, sodass die einst sumpfigen Talböden als Äcker genutzt werden können. Nur in seinem oberen Abschnitt ist zwischen Eisenhüttl, Heugraben und Rohr ein fast 2 km langes Wiesenbrachen-Feuchtgebiet erhalten, das unter Naturschutz steht. Auf dem Landsträßchen zwischen den drei Dörfern können die Besucher das sanfte Tal umrunden, entlang des Baches gibt es außerdem eine gemähte Gehtrasse.

Die Wiesen entstanden einst durch Rodung und regelmäßige Mahd. Inzwischen meist nicht mehr genutzt, haben sich Großseggen-Riede mit nährstoffliebenden Hochstauden gebildet (Blutweiderich, Sumpf-Schwertlilie, Mädesüß). Den Bach begleiten Schwarzerlen und Grauweiden-Gebüsch abwechselnd mit Schilfröhricht. An nassen Stellen blühen Breitblättriges Wollgras und Fleischfarbenes Knabenkraut. Dieser reich strukturierte Lebensraum bietet besonders vielen Vogelarten Nist- und Nahrungsmöglichkeiten. Heimisch sind Braun- und Schwarzkehlchen, Hänfling, Schilf- und Sumpfrohrsänger, Schlag- und Rohrschwirl, Wachtel, Baumfalke und Wiesenweihe. Auf Futtersuche finden sich außerdem Wiedehopf, Wachtelkönig, Raubwürger, sowie Weiß- und Schwarzstorch ein.

Der Tobajer Kogel

Der südlichste Trockenrasen im Burgenland

Im Gegensatz zum 3 km entfernten, markanten Vulkanschlot Güssing ist der Tobajer Kogel ein niedriger Hügelrücken, der das Stremtal nur wenig überragt; vulkanische Aschen bauen keine wuchtigen Hügel auf. Der Vulkanrest zwischen Tobaj, Sauerberg und Hasendorf bietet dafür auf kleinem Raum mehrere unterschiedliche Lebensräume und reiche Artenvielfalt. Auf seiner mit Eichen und Hainbuchen bestockten Nordseite enthält ein langsam zuwachsender „Aufschluss" neben der Straße (das Ergebnis eines eingestellten Schottergrubenversuchs) diverse vulkanische Einschlüsse im Lockermaterial. Es gibt dort Pechblende, Amphibolit und Olivinbomben (in denen man mit Glück kleine Kristalle finden kann).

Der Weg führt uns in einem Bogen die Südseite des Hügels hinauf, den oben schöne Halbtrockenrasen bedecken. Diese sind sekundär entstanden, denn Wilder Wein zeugt von einstigem Weinbau und seit dem Ende regelmäßiger Mahd macht sich zunehmend Buschwerk breit. Am Hangfuß liegen die Reste kleiner Fischteiche, in die man von Güssing mit dem Fischbesatz auch die Wassernuss eingeschleppt hat. Wie bei Trockenrasen üblich ist die schönste Blühzeit im Frühling und im Frühsommer. Dann gibt es die Blütenfarben rot, blau, gelb und weiß zu sehen: Rot bei Blut-Storchschnabel und Heilziest (Betonie); Blau bei Ähren-Blauweiderich, Acker- und Filz-Glockenblume; Weiß beim Blaugrünen Labkraut, und Gelb beim Aufrechten Ziest.

Höher oben am Waldrand blühen anschließend im Sommer Türkenbund und Kreuz-Enzian. Die prächtige Feuerlilie *(Lilium bulbiferum ssp. bulbiferum)* hat hier am Tobajer Kogel ihr einziges Vorkommen im Burgenland. Einsiedler, die bis 1787 eine längst verfallene Kapelle am Gipfel betreuten, hatten sie einst angepflanzt. Vom Gipfel kommen wir auf einem Pfad durch den Rasen und durch das Gebüsch wieder hinunter. Dem Rasen schadet das Betreten durch die Besucher nicht, sondern dies hift hier sogar, das sich ausbreitende Buschwerk etwas hintanzuhalten. Die Besucher übernehmen sozusagen die ökologische Funktion „Weidetier". Pflücken sollten sie die schönen Blumen und zum Teil seltenen Pflanzen (wie in allen Naturschutzgebieten) aber auf keinen Fall. Das könnte in so kleinen Biotopen schnell erheblichen Schaden anrichten.

Info

Anreise: Von Güssing 3 km auf der B57 Richtung Oberwart bis Tobaj, dort nach links Richtung Sauerberg 200 m zum Kogel. Von dieser Straße zweigt hinter der Strem ein Fahrweg nach Hasendorf ab. Er verläuft an der Ostflanke des Vulkanhügels entlang. Von ihm führt ein Feldweg vorbei an den Teichen durch die Magerrasen der Südseite auf die Hügelkuppe.
Karte: freytag & berndt WK 423.

Blüte des Türkenbunds.

Info

Anreise: Güssing liegt ca. 25 km westlich von Fürstenfeld im weiten Stremtal. Eine Brücke zu einem Landesteg an den Teichen gibt es zwischen Schwimmbad und Modellautorennbahn im Südwesten von Güssing.

Hinweis: Die Fischteiche sind ein wichtiges Wasservogelbrutgebiet und Lebensraum seltener Wasserpflanzen (z. B. Wassernuss). Die Felsen des vulkanischen Schlossberges bilden ein Refugium für wärmeliebende Tier- und Pflanzenarten.

Karte: freytag & berndt WK 423.

Fischteiche und Burghügel von Güssing

Vulkanschlot und Wassernüsse

Egal aus welcher Himmelsrichtung betrachtet, der Basalt-Tuff-Kegel des burggekrönten Schlossbergs prägt den Blick auf Güssing. Ein schönes Beispiel für den vor allem in der Südost-Steiermark regen jungtertiären Vulkanismus. Die Burg war seit 1157 eine wichtige, immer weiter ausgebaute Grenzfestung zwischen Österreich und Ungarn (bzw. dem osmanischen Einfluss), und unter den einflussreichen Grafen Batthyány im 16. und 17. Jahrhundert ein Zentrum der Gelehrsamkeit (siehe Clusius-Naturpark, Wanderung 18). Im 18. Jahrhundert verloren die Burgen ihre Bedeutung und 1775 mussten die Waffen der Burgenarsenale dem Staat übergeben werden. Dazu kam eine neu eingeführte Haussteuer, die aber nur Gebäude mit Dach betraf – in Güssing kletterte 1778 daher der fürstliche Kanzleidirektor persönlich aufs Dach der Burg und warf die ersten Dachziegel des nun „nutzlosen" Gemäuers herab. Den Schaden der dachlosen Jahre unter Wind und Wetter kann man sich leicht ausmalen – bis heute halten die Folgen dieses unsinnigen Steuergesetzes die Restauratoren auf Trab.

Rund um den Vulkanhügel drängelt sich im Schutz der Burg das Städtchen Güssing. Südwestlich der Burg liegen die einst gräflichen, etwa 60 Hektar großen Fischteiche; zwischenzeitlich trockengelegt und 1905–1913 wieder errichtet. Seither hat sich an deren seichtem Wasser die größte Schilffläche des Südburgenlands entwickelt, umgeben von Feuchtwiesen und Grauerlen, was die Fischteiche zum wichtigsten Wasservogelgebiet des Südburgenlands macht. Neben einer kleinen Graureiherkolonie leben hier Silberreiher, Zwergdommel, Hauben- und Zwergtaucher. Dazu gesellen sich als Gäste diverse Zugvögel und Tieflandarten aus dem Osten; z. B. Trauerseeschwalbe, Nachtreiher, Schwarzstorch und Seeadler.

Die botanische Besonderheit der Fischteiche ist das massenhafte Vorkommen der Wassernuss. Die Wärme liebenden Gewächse sind ab dem Hochsommer zu sehen. Da sie in den Teichen für die Fischzüchter eine Plage sind, werden sie mit einer Unterwasser-Mähmaschine abgeschnitten, sodass sie am Ufer in Massen zusammentreiben. Daneben sollte man aber nicht die im Schilfgürtel blühenden Schwanenblumen *(Butomus umbellatus)* übersehen. Gleich beim Steg hinter der Brücke stehen einige. Da die Teiche in Privatbesitz sind, gibt es noch keinen öffentlichen Rundweg (man sieht aber schon von der Stegseite einiges).

Der Burghügel ist von einem Trockenwald umgürtet, der sich erst nach der Aufgabe der Burg bildete. Vorher hielt man den Felsen baumfrei, um allfälligen Angreifern keine Deckung zu bieten. Allerlei, das die Blumenfreunde Balthasar Batthyány und Carolus Clusius (Wanderung 18) einst in und um die Burg gepflanzt hatten, ist heute auf den Felsen und der kleinen Schlossbergwiese verwildert. So wachsen hier Löwenmaul, Ysop, Türkischer Flieder, Osterluzei, der Pfeifenstrauch mit seinen duftenden Blüten und die Wald- (oder Vielblütige) Weißwurz.

Die Wassernuss (Trapa natans)

Die Wassernuss braucht stehende Gewässer, die im Sommer sehr warm werden; ihre seltsamen Früchte mit den spitzdornigen Hörnern wurden früher als „Wasserkastanien" gegessen. An der Oberfläche hält sich die Wassernuss mit Schwimmblattrosetten, deren Stiele zu luftgefüllte Blasen verdickt sind. Die Nüsse wachsen unterhalb der Schwimmblätter im Wasser, man sieht sie von oben daher nicht. Reif sinken sie ab, die Samen keimen im Schlamm und die alten Hüllen schwimmen umher.

Wassernüsse schwimmen wie Seerosen an der Wasseroberfläche.

Bild Seite 44:
Die Burg von Güssing thront über den Fischteichen auf einem ehemaligen Vulkanschlot.

Donauauen Stopfenreuth

Geburtsort des Nationalparks

Der Rundweg führt durch die verschiedenen im Nationalpark Donauauen vorkommenden Aulandschaften (weiche und harte Au, Altarm, Auwiese), die jeweils auf Schautafeln dargestellt werden. Der Rosskopfarm, den wir mehrmals passieren, ist die Region mit der höchsten Artenfülle in den Donauauen.

Anreise

Von Wien auf der B9 oder der B3 nach Osten. Stopfenreuth liegt gegenüber von Deutsch-Altenburg und 2,5 km westlich der B49.; der Gasthof Forsthaus steht am südöstlichen Ortsende (im Dorf links halten) neben dem Hubertus-Hochwasserdamm.

Bild Seiten 46/47:
Wolkenberge im flachen Seewinkel.

„Stopfenreuth", das ist das Herz und der Pulsschlag der Donauau – denn zwischen diesem Dörfchen und der B49 hatte im kalten Dezember 1984 jene legendäre „Schlacht um Hainburg" stattgefunden, die uns in der Folge heute statt einem riesigen Stausee einen Nationalpark im letzten größeren Augebiet Mitteleuropas beschert hat.

Vom Gasthof Forsthaus am Hochwasserdamm in Stopfenreuth bringt uns die 1,3 km lange Zufahrtsstraße zum Uferhaus ① an der Donau. Dabei überqueren wir auf halber Strecke zum ersten Mal den Rosskopfarm, von hier starten Bootstouren der Nationalparkverwaltung. Beim Uferhaus behandelt eine Info-Tafel die „Flussdynamik"; während die nahe March an der Grenze zur Slowakei bereits ein Tieflandfluss ist, hat die Donau hier im Gebiet noch immer viele Eigenschaften eines Gebirgsflusses: Durch ihr Gefälle von 43 cm pro km östlich von Wien transportiert sie z. B. mehr Schotter als Feinsediment und erhält eine erhebliche Dynamik, um Material umzulagern. Da das meiste Donauwasser von den Alpen

Wanderroute

Rundweg: Stopfenreuth Forsthaus – Uferhaus (1,3 km) – nach rechts 1,5 km den Donau-Treppelweg entlang zum Rosskopfarm und zurück (15 min) – am Treppelweg an der Schwalbeninsel vorbei und zum Rosskopfarm (30 min) – zur Brücklwiese (20 min) – zurück nach Stopfenreuth (20 min).
Dauer: 2,5–3 Std.
Karte: freytag & berndt WK 013.
Anforderungen: Bequemer Spaziergang durch die Au auf ebenen, guten Wegen, Länge 10 km.
Ausrüstung: Ab dem späten Frühjahr Mückenschutz.
Günstigste Jahreszeit: März bis November. Im Frühling blumenreich, ab Juni Teichrosenblüte.
Einkehren: Stopfenreuth Gasthof Forsthaus.
Information: Dauerausstellung mit Informationstafeln im Gasthof Forsthaus, ✆ 02214/2232, Fax DW 4.
Infostelle Schloss Eckartsau, ✆ 02214/2335-18, Fax DW 19, E-Mail: infostelle.donauauen@oebf.at.
Hinweise: *Lehrpfad:* Mehrere Informationstafeln zum Ökosystem Au am Weg. *Schiffsverbindung:* Eine Fähre verkehrt an Sonn- und Feiertagen von 10–18 Uhr von Deutsch-Altenburg zum Stopfenreuther Uferhaus.

stammt, hat sie die höchste Wasserführung erst Ende Juni und Juli. Der Wasserstand kann im Jahr dabei bis zu sechs Meter schwanken.

Vom Uferhaus und dem Landesteg der Donaufähre aus spazieren wir 1,5 km lang den alten Treppelweg der Donau flussaufwärts bis zur Info-Tafel „Weiche Au" ②. Im Winter ist die eisfreie Donau ein wichtiger Rastplatz und Wohnort für mehrere tausend Wasservögel, die bis zu 29 Arten angehören. Vom Neusiedler See kommen die Silberreiher hierher, Kormorane äugen nach Fischen und Österreichs selten gewordener Wappenvogel, der Seeadler, äugt nach den Kormoranen. Aber nicht um diese zu fressen, sondern weil sie die guten Fischgründe anzeigen. Neben den häufigen Mitteleuropäern, wie Stock-, Krick- und Schellente, Gänse- und Zwergsäger, tauchen auch Gäste aus dem hohen Norden auf, z. B. Stern- und Prachttaucher. Kaum sind die gefiederten Wintergäste wieder fort, zeigen sich, bevor sich die Bäume belauben, die ersten Blüten am Waldboden: Schneeglöckchen, Gelbstern, Zweiblättriger Blaustern und Gelbes Windröschen. Ein paar Wochen später stinkt es in der Au kräftig nach Knoblauch – der Bärlauch bedeckt wie ein Teppich den Boden.

Bei der Tafel „Weiche Au" lohnt sich ein Abstecher scharf nach rechts zum 400 m entfernten, stimmungsvollen Rosskopfarm ③, den der Forstweg auf zwei Traversen quert – hier wäre das Turbinenhaus des Kraftwerks gestanden (Info-Tafel „Altarm"). Über das Wasser des Rosskopfarms flitzen Libellen und mit Glück sicht man eine Ringelnatter oder einen Eisvogel. Am Altarmufer blühen Sumpf-Schwertlilie gelb und Blutweiderich rot, im Wasser unzählige Teichrosen gelb. Häufig, aber gut getarnt, sind Spring- und Laubfrosch, letztere die größten „Krakeeler" im abendlichen Froschkonzert.

Noch dümpelt der Rosskopfarm gemächlich vor sich hin. Die 1996 begonnene Gewässervernetzung soll der Au in den nächsten Jahren

Die Gelbe Teichrose (Nuphar lutea)

Im Sommer leuchtet von so manchem stillen Altarm das gelbe Blütenmeer der Teichrosen. Die großen Schwimmblätter sind mit langen Stielen am Boden verankert, dienen als Rast- und Sonnenplatz für Libellen und Frösche, bieten Jungfischen Schutz und der Biber hat sie „zum Fressen gern". Die Vorfahren von Teich- und Seerose waren übrigens Landpflanzen, die den Weg ins Wasser zurückgegangen sind.

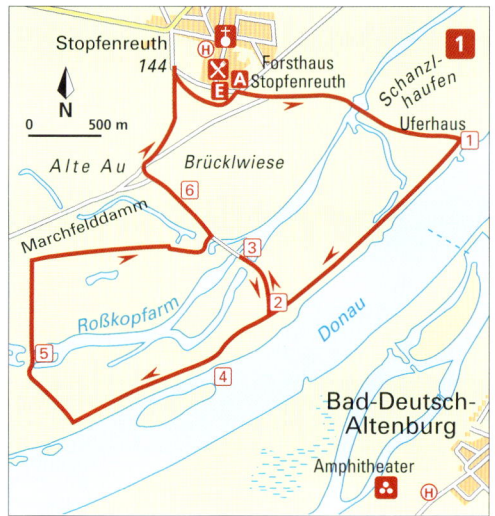

jedoch wieder ihre Lebensadern zurückgeben. Ebenso wichtig wie die Wasserstandsschwankungen beim Oberflächenwasser sind für die Au jene des Grundwassers. Wie durch einen riesigen Filter wird es bei hohem Wasserstand aus dem Untergrund gepresst, drängt dabei alte, kohlenmonoxydhaltige Luft und Faulgase aus dem Boden. Oft weit von den Flussarmen entfernt, entstehen Tümpel. Sinkt das Wasser wieder, saugt es frischen Sauerstoff in den Boden mit. Diese Durchlüftung ist mit ein Grund für das üppige Wachstum in der Au. Den Nährstoffreichtum zeigen Stickstoff liebende Pflanzen wie Blasenkirsche, Taubnessel und im Spätsommer der Rainfarn.

Vom Rosskopfarm wenden wir uns wieder zurück zur Donau. Hier in der weichen Au wachsen am Wegrand häufig die Gefleckte Taubnessel und der Knoten-Beinwell. Versteckter blüht der Aronstab *(Arum maculatum)* mit seinem gelbgrünen Hochblatt, das die optische Funktion „Blüte" übernimmt. Die Blütchen selbst sitzen winzigklein am kolbenartigen Blütenstand. An Weiden und Pappeln leben die Raupen von Großem und Kleinem Schillerfalter. Im Sommer flattern die je nach Lichteinfall blau aufschimmernden Falter durch die Mittagshitze.

Der Treppelweg bringt uns 20 min weiter flussaufwärts zur Info-Tafel „Kiesbank" und vorbei an der Schwalbeninsel ④ und einer Auwiese zur nächsten Abzweigung nach rechts (Stromkilometer 1889,6). Wir erreichen auf diesem Forstweg in einigen Minuten wiederum den Rosskopfarm ⑤. Vielleicht lassen sich an einigen Baumstämmen Nagespuren erkennen – hier war Baumeister Biber aktiv.

Der Biber *(Castor fiber)*: 1976 wurde der wegen seines dichten Pelzes 1863 in den Donauauen ausgerottete Biber wieder angesiedelt und hat sich seither schon weit verbreitet. Er misst bis zu 130 cm, wovon ein Drittel der breite, platte Schwanz ausmacht, und wird bis zu 30 kg schwer. Bei Gefahr klatscht er beim Abtauchen mit der „Schwanzkelle" zur Warnung laut aufs Wasser. Zum Schwimmen dienen die Hinterfüße mit Schwimmhäuten zwischen den Zehen, der

Der Biber wurde 1976 wieder in den Donauauen angesiedelt. Beim Schwimmen liegen Ohren, Augen und Nase beinahe in einer Linie knapp über dem Wasser.

Schwanz wirkt als Steuerruder. Unser Baumeister verschläft den Tag in einer seiner „Burgen", die aber nur an ganz flachen Ufern freistehen; in den Donau- und Marchauen sind sie unauffällig in den Abhang des Ufers gegraben. Abends wird er aktiv und „schuftet" bis zum Morgen. In den Altarmen von Donau- und Marchauen muss der Biber kaum einmal Dämme errichten. Diese ergeben vor allem bei kleinen Flüssen und Bächen einen „Stausee". Mit seinen messerscharfen Schneidezähnen, die ständig nachwachsen, kann der Biber selbst größere Baumstämme fällen. Lieber nimmt er aber dünne Weidenäste, da lohnt sich der Aufwand mehr. Denn der Biber frisst im Herbst und im Winter nur die Rinde bzw. steckt Äste als Vorrat neben den Bau; das Holz lässt er übrig. Sobald es aber frische Pflanzen gibt, stellt er von der wenig ergiebigen Rinde um. Besonders beliebt sind Teich- und Seerosen, die der Biber mit Wurzel, Stängel und Blättern verzehrt.

Vom Rosskopfarm folgen wir dem Forstweg 500 m weiter nach Norden bis zur Wiese vor dem Hochwasserdamm und biegen nach rechts in einen ehemaligen Forstweg nach Osten hin ein. Entfernter von Donau und Altarm wachsen Bäume und Büsche der „harten Au", z. B. Ulme, Stiel-Eiche, Blasenkirsche oder Roter Hartriegel. Der Übergang von der weichen zur harten Au erfolgt fließend. Die Lehrbuchmeinung „nah zum Grundwasser – weiche Au, fern davon – harte Au" stimmt nur bedingt. Ein entscheidender Faktor ist, wie so oft in der Au, die Dynamik. Denn Weidensamen können nur dort keimen, wo frischer Schlamm abgelagert wurde. Sie brauchen frisches Substrat zum Ansiedeln. Zweitens halten die Weiden längere Überschwemmungen aus, die meisten anderen Bäume nicht – und logischerweise wird der entferntere Teil der Au auch seltener überschwemmt. Diese Notwendigkeit des Entstehens freier Flächen war mit ein Argument gegen das Kraftwerk, denn eine Audynamik lässt sich mit technischen Mitteln nicht regulieren. Typisch für die harte Au sind im Frühling die Ölkäfer. Abends brummen Hirschkäfer vorbei und ebenfalls nicht selten ist im Mai der Osterluzeifalter *(Zerynthia polyxena)*. Vor allem am sonnigen Waldrand, wo auch die Osterluzei *(Aristolochia clematitis)* wächst.

Unser Waldweg bringt uns in 20 min zur Brücklwiese ⑥, einer großen Auwiese. Solche Wiesen, natürlich oder künstlich angelegt, lockern den Auwald auf und dort blühen vor der Mahd zahlreiche Wiesenblumen. Die Brücklwiese grenzt im Norden an den Hochwasserdamm. Haben wir diesen überquert, führt uns der Forstweg durch die „Alte Au", die wegen des Damms gar nicht mehr überflutet wird, in 10 min zurück nach Stopfenreuth. Vom Ortsbeginn nach rechts erreichen wir in wenigen Minuten wieder den Gasthof Forsthaus.

Der Hirschkäfer (Lucanus cervus)

An milden Abenden von Mai bis Juli brummen im Eichenwald die Hirschkäfer los. Sie sind unsere größten heimischen Käfer, das Männchen kann samt seinem „Geweih" 9 bis 10 cm lang werden. Es ist ein spezialisierter Turnierritter, denn da das Geweih von den Mandibeln (Oberkiefer der Kerbtiere) gebildet wird, kann der Käfer seine Nahrung, den Baumsaft von Eichen, nur auflecken, aber nicht an ihn herankommen. Das Einritzen der Rinde besorgen daher die Hirschkäferweibchen, die ganz normale, funtionsfähige Mundwerkzeuge tragen. Ihre Larven entwickeln sich fünf bis acht Jahre im Wurzelmulm der Eichen.

Von Hainburg auf den Braunsberg

Am Tafelberg von Hainburg

Am Ostrand des Wiener Beckens ragen nahe der slowakischen Grenze einige steilwandige Hügel etwa 300 m aus der Ebene, die Hainburger Berge. Sie bilden als Fortsetzung der Zentralalpen den Übergang von den Alpen zu den Kleinen Karpaten. Mitten hindurch, zwischen Braunsberg und Arpadfelsen, quetscht sich die Donau durch die Hainburger Pforte *(porta hungarica)*. Wer sich von Westen her Hainburg nähert, sieht am Fuß des Hundsheimer Berges eine mächtige Brandungsterrasse einer Küstenplattform des ehemaligen Sarmat-Meeres aus dem Miozän vor rund zehn Millionen Jahren. Der größte Steinbruch Niederösterreichs baut die ganze Terrasse (samt einem römischen Isisheiligtum) nun schön langsam ab und hinterlässt dabei ein auffallendes „Loch" in der Landschaft. Der Braunsberg erhebt sich als unverkennbarer stumpfer Kegel mit kahlem Gipfelplateau über Hainburg. Seine Felsen bestehen abwechselnd aus Kalk (Westhang), Quarzphyllit (Südhang) und Glimmerschiefer (Osthang), daher findet man auf dem rasch wechselnden Untergrund verschiedene Vegetation nebeneinander.

Wanderroute

Rundweg: Wasserturm und Donaulände – auf Wanderweg der Donau entlang zur Ruine Röthelstein (20 min), Waldweg zur Braunsbergstraße (10 min), Fußweg den Nordwest-Hang bergauf, das letzte Stück zum Gipfel auf der Straße (30 min). Über die Gipfelwiese zur Südwestkante des Gipfelplateaus, danach vom Gipfel auf schmalem Fußweg die Südflanke hinunter nach Hainburg (30 min).
Dauer: 2 Std.
Karte: freytag & berndt WK 013 oder ÖK 50 Nr. 61
Anforderungen: Mittel. Auf Wanderweg hinauf, auf schmalem Steig steil hinunter. Höhenunterschied 200 m, Weglänge 6 km.
Ausrüstung: Stabiles Schuhwerk für den Abstieg, Feldstecher.
Günstigste Jahreszeit: April bis Ende Juni, Spätsommer und Herbst.
Einkehren: In Hainburg zahlreiche Gasthöfe und Weinlokale.
Information: Tourismusbüro 2410 Hainburg, im Rathaus, ✆ 02165/62111-23. Nationalpark Informationszentrum im alten Wasserturm im Bau.

Wir beginnen unsere Wanderung in Hainburg beim Parkplatz an der Donaupromenade und dem Wasserturm ①. Ein guter Weg führt uns wenige Meter über dem Donauufer am steilen Fels des Braunsbergs entlang flussabwärts. Zweimal sind sogar kleine Tunnels in den Fels geschlagen, denn hier reicht die Felssteppe fast bis zum Fluss herab; danach geht es oberhalb eines schmalen Auwaldstreifens durch den Laubwald. Der nach zehn Gehminuten beginnende Altarm ist mit einem Leitwerk aus Steinwällen reguliert, „drei Kasteln" ② genannt, wo sich wie vielerorts im Nationalpark Donauauen Biber angesiedelt haben.

Sanft aufwärts erreichen wir ein paar Minuten später die Ruine Röthelstein ③ auf einigen vorgelagerten Felsklippen. Von diesen aus hat man einen Blick auf die Mündung des Spittelauer Arms am Nordufer der Donau, einem breiten Nebenarm der mit dem Paddelboot befahren werden kann. Von der Ruine weiter steigt ein breiter Waldweg nach Süden sanft durch den Laubwald an und mündet nach 10 min beim Nationalparktor in die Braunsberg-Straße ④, die sich von hier in ein paar Kehren 2 km auf das Gipfelplateau hinauf schlängelt. Der Wanderer muss aber nicht den Asphalt entlang treten, sondern kann dem Rundwanderweg um den Braunsberg folgen. Schräg gegenüber (etwas bergauf) vom Nationalparktor zweigt er nach rechts von der Straße ab und wir steigen durch Wiesen (mit der seltenen Filz-Glockenblume) und Baumgruppen 20 min etwa 100 Höhenmeter bergan, solange der Weg aufwärts führt.

Vom Braunsberg genießt man eine weite Aussicht auf die Donau, Hainburg, den Burghügel und die bewaldete Nordseite des Hundsheimer Bergs.

•

Der Segelfalter wechselt im Flug zwischen Flattern und Gleitstrecken ab, wodurch er leicht zu erkennen ist. Er bevorzugt warmes Gelände mit etwas Gebüsch (auch Obstgärten) und ist südlich und östlich der Alpen daher oft zu sehen.

Hainburg

Die Region am Zusammentreffen von Donau, March und der alten Bernsteinstraße ist seit der Steinzeit besiedelt und geschichtsträchtig. Das romanische Wienertor von 1240 bildet eine wuchtigeEinfahrt nach Hainburg. Die malerisch-winkelige Altstadt auf der steilen Donauterrasse ist Fußgängerzone, und wie es sich für ein mittelalterliches Städtchen gehört, krönt eine Burgruine das ganze Ensemble.

Wo unser Weg wiederum die Bergstraße quert folgen wir ihm nicht weiter (er führt nun als ebener Rundweg um den Gipfel herum), sondern müssen die letzten beiden Kehren der Straße nehmen, um das Gipfelplateau zu erreichen. Von der oft recht windigen Kuppe des Braunsbergs (346 m), auf dem bereits eine keltische Wallburg stand, genießt man eine weite Aussicht ⑤. Im Osten liegt Preßburg (Bratislava) mit der ungarischen Königsburg (und den abgrundtief häßlichen Plattenbauten der Vorstadt Petrschalka), im Westen hat man einen Überblick über das Donau-Augebiet und das Marchfeld, wo aus der Kultursteppe der Marchfeldkanal, der sich leider als veritable Fehlkonstruktion entpuppt hat, schimmert. Natürlicherweise würden im Marchfeld (bei 300–500 mm Jahresniederschlag) Trockenwälder wachsen, aufgelockert durch Steppenflecke und einige Sanddünen. Eigentlich müsste das Marchfeld Donaufeld heißen, denn die Donau hat die weite Ebene aufgeschottert. Sie hatte ihren Lauf mehrmals weiträumig verlagert, bis sie in die schmale Engstelle der Hainburger Pforte geriet, sich eintiefte und dadurch nicht mehr ausbrechen konnte.

Vom Parkplatz am Gipfelplateau bringt uns ein Fußpfad durch die Gipfelwiese in wenigen Minuten an die südwestliche Bergkante, auf der ein Stück des keltischen Burgwalls rekonstruiert ist. Die Kahlheit der Braunsberg-Kuppe ist durch menschlichen Einfluss entstanden, und das Areal muss daher durch fallweise Beweidung offen gehalten werden. Dieses Management des Naturschutzgebietes missglückt manchmal jedoch; die Schafe halten sich viel zu lange an den Felsklippen (wo sie überhaupt nicht sein sollten) mit ihrer empfindlichen, dünnen Humusschicht auf. Alles was nicht „niet- und nagelfest" ist, wird dort aufgefressen oder zertrampelt – hier zeigt sich, wie vorsichtig der Mensch als Regulator eingreifen muss. Die steilen Felsklippen ⑥ aus Kalken der Triaszeit hingegen, die sich von unserem Standort den Abbruch hinunter nach Hainburg stürzen, sind klimatisch bedingte Felssteppen. Für Wald ist es hier zu heiß und zu trocken. Typische Pflanzen zwischen den Felsen sind etwa Hochstauden wie der nach Zitrone duftende, weiß-rosa blühende Diptam und die Österreichische Königskerze mit ihren Blütenkandelabern, Sträucher wie die wärmeliebende Felsenkirsche (Steinweichsel), sowie die Silberscharte (Bisamdistel) und die zarte, kleine Ästige Graslilie. Nach einer Pause im Hochsommer erscheinen der Berglauch und der Gelbe Zahntrost.

Etwa Mitte Mai bis Mitte Juni blüht zwischen den Felsen die Besonderheit der Region, die **Hainburger Federnelke** *(Dianthus lomniceri)*, die es nur in dieser Region zwischen dem Hundsheimer Berg und den Kleinen Karpaten gibt. Ihre Lebensweise am Kalk, den sie nicht gut verträgt, beschert der hübschen Pflanze allerdings Probleme, die sie mit biologischen Tricks lösen muss: Das erste Problem (mit dem Kalk) umgeht sie durch die Produktion von Oxalsäure (was viele Nelkengewächse können), die mit den Kalziumionen eine schwer lösbare Verbindung eingeht. Damit ist das Kalzium neutralisiert und „stillgelegt". Nun nützen aber viele Pflanzen die auf Kalk wachsen, eben dieses Kalzium als kostenloses und reichlich vorhandenes Konzentrationsmittel, um Wasser durch Osmose anzusaugen. Die Federnelke kann das nun nicht mehr; sie bewältigt den Wassertransport mit Hilfe löslicher Kohlenhydrate (die andere Pflanzen in ihr Wachstum investieren), welche die Konzentration in ihrem Zellsaft erhöhen und auf diesem Wege Wasser ansaugen. Wie man sieht, überlebt die Blume aber trotz dieses Umwegs.

Der Diptam wächst vor allem südlich der Alpen bis zum Mittelmeer und ist im pannonischen Raum eher eine Rarität am Rand von Eichenwäldchen.

Für den Abstieg nach Hainburg nützen wir den schmalen Fußweg, der sich in vielen Kehren den steilen Südhang hinunterwindet. Von der südwestlichen Bergkante bei der Wallburg müssen wir dazu etwa 300 m den Plateaurand in Richtung Gipfel zurückgehen, bis nach unten der Weg (Pfeil „Hainburg") abzweigt. Er führt uns abwechselnd durch Gebüsch und Trockenrasen bis in den Wald aus Eschen, Ahorn und Föhren am Fuß des Berges. Nach einer halben Stunde erreichen wir die ersten Häuser von Hainburg, queren die Braunsbergstraße und gelangen am Schwimmbad vorbei wieder zum Parkplatz an der Donaulände.

Der Hundsheimer Berg

Die schönsten Trockenrasen Österreichs

Der Hundsheimer Berg ist mit 480 m der höchste der Hainburger
Berge, die an der österreichisch-slowakischen Grenze den Übergang
zu den Karpaten bilden. Den Hexenberg (die steilen Süd- und Süd-
west-Hänge des Hundsheimer Bergs) bedecken in weiten Bereichen
flachgründige, natürliche Felssteppen, was ihn in seiner Blütenpracht im Frühling seit je zu einem Mekka für Naturfreunde
machte. Die flacheren Hänge und Kuppen wurden durch Beweidung
zu ebenfalls artenreichen sekundären Trockenrasen, während Nord-
und Ostseite sowie die „Große Klamm" in der Mitte bis heute dicht
bewaldet sind.

Vom Sportplatz ① (230 m) aus passieren wir die der oberste Häu-
serzeile der Neuen Siedlung. Geradeaus weiter führt uns ein schma-
ler aber guter Pfad 30 Minuten lang in leichtem auf und ab oberhalb von Hundsheim den Fuß des Hexenbergs entlang bis zum Roten
Kreuz (250 m). Bereits entlang dieser Strecke sehen wir viele der
typischen Frühjahrsblüher Pannoniens: Das giftige Frühlings-Adonis-

Wanderroute

Rundweg: Sportplatz Hundsheim – entlang dem Fuß des
Hexenbergs auf schmalem Weg zum Roten Kreuz (30 min,
Bienenfresserkolonie). Vom Roten Kreuz den Lehrpfad die
Flanke des Hexenbergs steil bergauf (30 min) und über die
Gipfelwiesen sanft ansteigend zum Gipfel (30 min). Am nörd-
lichen Waldrand entlang die Trockenrasen wieder bergab
(30 min) und in einem Linksbogen zum Sportplatz zurück.
Dauer: 2,5–3 Std.
Karte: WWF-Gebietskarte 1:25.000 Hundsheimer Berge oder
freytag & berndt WK 013. Auf der WWF-Karte „Hundsheimer
Berge" sind die Höhenlinien seitenverkehrt aufgedruckt.
Sie lohnt trotzdem wegen des ausführlichen Begleittextes.
Anforderungen: Mittel. Markierte Wanderwege am Hang,
Höhenunterschied 270 m. Die sonnigen Südhänge können
schon im April recht heiss sein. Weglänge 8 km.
Ausrüstung: Stabiles Schuhwerk, Trinkwasser.
Günstigste Jahreszeit: Ende März bis Juni und Herbst.
Trockenphase im Sommer.
Information: Tourismusbüro 2410 Hainburg, im Rathaus,
℡ 02165/62111-23.
Hinweise: Lehrpfad (2 km) am Südosthang des Hexenbergs.

röschen *(Adonis vernalis)* mit seinen seidig glänzenden gelben Blütensternen (sein Wirkstoff diente früher als Herzmittel), die ebenfalls gelb blühende Österreichische Schwarzwurz *(Scorzonera austriaca)* mit ihren schmalen Lanzett-Blättern, die seltsam-struppige Trauer-Nachtviole (siehe Wanderung 9), die kleinen, blauen Blütenstände der Traubenhyazinthen und die gebogenen Stängel des Salomonssiegels *(Polygonatum odoratum)*, von denen die weißen, röhrigen Blüten nicken. Den Weg begleiten Büschel von

Die Zypressen-Wolfsmilch ist in allen Trockenrasen der Region häufig.

Zypressen-Wolfsmilch (siehe Top-10 Ziel Nr. 5) und kleine, gelbblühende Zwergsträucher wie Regensburger Zwerggeißklee und Heideginster.

In den kleinen ehemaligen Steinbrüchen oberhalb des Wegs hatte man weichen „Leithakalk" abgebaut. Im Kalk enstehen mit der Zeit immer Höhlen, zur 200 m lange Güntherhöhle ② zweigt ein Stichweg auf der halben Strecke ab. Für den Fledermausschutz ist sie geschlossen, Besichtigungen können im Gemeindeamt Hundsheim vereinbart werden.

Beim Roten Kreuz ③ beginnt der Naturlehrpfad den steilen Südosthang des Hexenbergs hinauf. Zunächst kann sich aber ein Abstecher einige Meter bergab nach Südwes-

ten zu einer Bienenfresserkolonie lohnen, die sich von einem (zeitweise verschlossenen) Beobachtungshäuschen aus betrachten lässt. Dann folgen wir dem Steig des Lehrpfads 20–30 min vom Roten Kreuz durch eine Wiese und danach abwechselnd durch Felssteppe

Felssteppe mit Wacholderbüschen am Gipfelhang des Hexenbergs

und tiefgründigeres Gelände mit Buschwerk (Weißdorn, Schlehe, Wolliger Schneeball) bis zum Fliegerdenkmal ④ in knapp 400 m Höhe mit weiter Aussicht nach Süden.

Im Schutz des Buschwerks blühen Schmalblatt-Milchstern und Steinsame, leben viele Smaragdeidechsen. Kleine Erdansammlungen zwischen den Felsen nutzen die Hochstiel-(oder Hochstängel-) Kugelblume *(Globularia punctata)* mit ihren blauen Blütenköpfchen, die Österreichische Schwarzwurz und im Mai die regionale Besonderheit, die Hainburger Federnelke (siehe Wanderung 2). Ab Juni blühen Schwertblatt-Alant, Buntkronwicke und die Heidefackel-Königskerze *(Verbascum lychnitis)*.

Königskerzen: Es ist nicht zu übersehen, wenn die imposanten Königskerzen im Frühsommer ihre Blütenkandelaber einen Meter und mehr in die Höhe treiben. Die Licht liebenden „Sonnenanbeter" stehen auf freien Brachflächen, Trockenrasen, am Weg- oder Waldrand. Alle Arten bilden eine mächtige Blattrosette und haben gelbe Blüten – mit einer Ausnahme, der Violetten (oder Purpur-) Königskerze *(Verbascum phoeniceum)*. Sie ist zarter, kleiner, hat die Blattrosette nur am Boden und blüht bereits im Mai (an warmen Stellen schon im April). Die Blütenpracht der „Gelben" beruht auf einer Eigentümlichkeit: Es öffnen sich immer nur einige der in Büscheln zusammenstehenden Blüten. Daher gibt es während der langen Blühzeit, die den ganzen Sommer dauern kann, immer Blüten auf der ganzen Länge des Blütenstands zu sehen. Einige der acht in Ostösterreich heimischen gelb blühenden Arten haben stark filzige Blätter, welche einst die alten Griechen in Streifen schnitten und als Lampendocht benutzten. Der wissenschaftliche Gattungsname „Verbascum" stammt möglicherweise von „Barbascum", die Bärtige, eine Anspielung auf diese Blätter.

Oberhalb des Fliegerdenkmals erreichen wir die Felssteppenhänge, die sich nach Südwesten den Hang bis zur Güntherhöhle hinabziehen. Mehere Tafeln des Lehrpfads erklären den Lebensraum und den nach weiter oben hin erfolgenden Übergang zu den durch Rodung und Beweidung entstandenen Trockenrasen der flacheren Gipfelregion. Seit 1982 werden diese Wiesen mit einer kleinen Wander-Schafherde gezielt beweidet, um die artenreichen Rasen zu erhalten, die sonst mit Gebüsch zuwachsen würden. Dominierend ist

Zwei typische Felssteppen-Besiedler am Hexenberg: Die Österreichische Schwarzwurz und die Hochstiel-Kugelblume.

im Frühling das Gelb von Grauem Sonnenröschen und Sand-Fingerkraut, im Herbst das Gelb der Goldschopf-Aster. Zu Pfingsten wedeln die Schweife des Federgrases im Wind, danach, im Sommer, gibt es Blau – die Ruthenische Kugeldistel ist neben den Königskerzen so ziemlich das Einzige, das die Sommerhitze aushält. Nur in feuchten Sommern ist selbst im August allerlei zu sehen, z. B. der Gelb-Lauch *(Allium flavum)*. Nach trockenen Sommern wiederum kann dann der Herbstaspekt ziemlich mager ausfallen.

Die Tierwelt besteht in so einem Lebensraum natürlich aus Wärme liebenden und an Trockenheit angepassten Arten. 1300 Schmetterlingsarten und über 400 Hautflüglerarten hat man im Gebiet bereits entdeckt. Aber nur wenige davon sind sofort auffällig, wie der große Segelfalter, das Schachbrett und der Distelfalter. Am Waldrand fliegt im Mai und Juni der Schwarze Apollo *(Parnassius mnemosyne)*, dessen Raupen am Lerchensporn, der im zeitigen Frühling im Wald blüht, leben. An warmen Tagen sind die Widderchen *(Zygaeniden)* nicht zu übersehen, wegen ihrer roten Flecken auch Blutströpfchen genannt. Das Rot dient zur Warnung, denn Blausäure und ähnliche „Delikatessen" machen die Schmetterlinge absolut ungenießbar. Die Vögel finden das im wahrsten Sinn des Wortes „zum Kotzen", und so können die Falter es sich leisten, nicht sehr scheu zu sein.

Etwa 15 min nach dem Fliegerdenkmal zweigt am Waldrand der Lehrpfad nach rechts hinunter in den Wald (wo er zum Roten Kreuz zurückführt). Um den Gipfel zu erreichen halten wir uns nach links (Norden) den Waldrand entlang, wo uns ein Feldweg in 10 min zur Gipfelkuppe (480 m) ⑦ bringt. Auffallend im Wald am Gipfel sind die aufgeblasenen Kapselfrüchte der Pimpernuss *(Staphylea pinnata)*. Eine Abzweigung nach links hinunter würde es ermöglichen, durch die bewaldete Senke der Großen Klamm ⑥ direkt zurück zum Sportplatz zu gelangen. Für die Wegrunde bleiben wir aber vom Gipfel geradeaus am Waldrand nach Norden – nun sanft bergab, und biegen nach ein paar Minuten bei Erreichen des nördlichen Waldrandes nach links ab. Den Waldsaum zieren Hochstauden wie Diptam *(Dictamnus albus)* oder Steppen-Glockenblume *(Campanula sibirica)*. 1 km lang geht es nun gemach durch Steppenflächen abwärts, in den Trockenrasen ⑧ wachsen z. B. Helm- und Brandknabenkraut, Wachtelweizen und die Dalmatinische Lotwurz.

Am unteren Ende der Wiesen zweigt nach rechts ein Weg nach Deutsch-Altenburg ab, dort bleiben wir geradeaus auf dem Fahrweg und biegen im Wald bei der nächsten Gelegenheit nach links ab (geradeaus führt der Weg auf den Pfaffenberg, 331 m, oberhalb der Steinbrüche). Unser Fahrweg biegt in einem Bogen nach Südosten und schlängelt sich 15 min zurück zum Sportplatz.

Das Salomonssiegel riecht gut und trägt im Sommer blaue Beeren. Das mit den Maiglöckchen verwandte Weißwurzgewächs ist ebenfalls giftig.

Zitzmannsdorfer Wiesen

Die größte Wiese im Burgenland

Info

Die Zitzmannsdorfer
Wiesen zwischen Wei-
den und Podersdorf
sind mit 380 Hektar
das größte, noch nicht
in Kulturland umge-
wandelte pannonische
Wiesengebiet des Bur-
genlands. Typisch für
dieses Naturschutzge-
biet ist ein Mosaik aus
trockenen und feuch-
ten Flächen mit ent-
sprechendem Bewuchs.
Zwei Wege ziehen von
Nord nach Süd längs
durch das Gelände und
lassen sich mittels
Querverbindungen zum
Rundweg verbinden.

Anreise

Von der A4 über Neu-
siedl oder direkt (Aus-
fahrt 51) nach Wei-
den, 1 km östlich von
Neusiedl. Zugsverbin-
dung Wien Südbahn-
hof – Bruck an der
Leitha – Neusiedl.
In Weiden in Richtung
Seepark und Bahnhof,
vor der Bahn nach
links (Süden) zum
Ortsende.

Als die Türken 1529 zum ersten Mal gegen Wien zogen, brand-
schatzten sie alle Dörfer entlang ihres Weges. Das kleine Zitz-
mannsdorf wurde dabei völlig zerstört und die Natur holte sich die
Felder wieder, die sich bald nicht mehr von der Umgebung unter-
schieden. Eine beinahe topfebene Fläche – aber eben nicht ganz.
Genau diese geringen Höhenunterschiede haben deutliche ökologische Folgen. So gibt es trockenere „Höhenlagen" kaum einen
Meter über dem feuchten „Tiefland", wo sich im Frühjahr das Wasser sammeln kann.

In Weiden folgen wir aus dem Ort hinaus für einige Meter dem Burgenlandradweg B10, bis dieser nach rechts über die Bahn abbiegt.
Dort gehen wir 500 m geradeaus auf einem Zufahrtssträßchen entlang von Wiesen und Weingärten bis zum Landesforstgarten ① weiter, queren nun die Bahngeleise auf die Südseite und gehen den
Schotterweg 10 min parallel zum Bahndamm, bis er nach Süden
abbiegt. Nach Süden wandern wir ab nun durch die Mitte der Wiesen mehr als 4 km (etwa 1,5 Std). Zunächst durch Streuwiesen, in
denen das Pfeifengras dominiert, bis zum 1 km entfernten Beobachtungsturm ②, der in dieser Ebene von weither zu sehen ist.
Informationstafeln in seinem Hochstand stellen den Lebensraum
pannonische Wiese und seine Bewohner vor. Dass die Vogelwelt hier
aus Wiesenvögeln besteht, wird nicht überraschen. Der Kiebitz
(Vanellus vanellus) zum Beispiel ist ein hervorragender Flieger und
unverkennbar mit seinem Federschopf. Mit lautem „Kie-witt" macht

Wanderroute

Rundweg: Von Weiden zum Landesforstgarten (15 min),
dann über die Bahn und dem Weg nach Süden folgen. Durch
die Wiesen (Turm) bis ans Ende des Weges (1,5 Std). Dort
nach rechts zum Seedamm und auf ebenem Schotterweg
diesen entlang nach Norden zurück nach Weiden (1,5 Std).
Dauer: 3,5 Std.
Karte: Nationalpark-Gebietskarte 1:17.000 Zitzmannsdorfer
Wiesen (mit Biotop-Info) oder freytag & berndt WK 271.
Anforderung: Ebener, bequemer Wanderweg, teilweise ident
mit dem Burgenlandradweg B10. Länge 11 km.
Ausrüstung: Fernglas, Trinkwasser.
Günstigste Jahreszeit: April bis Juni (schöne Frühjahrsblüte).
Information: Nationalpark-Infozentrum Illmitz.

er auf sich aufmerksam. Lecker-
bissen versucht er mit einer Art
„Tanzschritt" (Triller genannt) aus
dem Boden zu locken. Neben
Regenwürmern auch so manche
bei den Bauern weniger beliebte
Tierchen (wie Engerlinge). Besonders hübsch sind die bunten
Bienenfresser *(Merops apiaster)*,
von denen in der Nähe bei Weiden eine Kolonie zu sehen ist
(siehe Top 10-Ziel Nr. 2).

*Blick über die Zitz-
mannsdorfer Wiesen.*

Einer massiven Intensivierung im „großen Strukturwandel" des
20. Jahrhunderts entgingen die Zitzmannsdorfer Wiesen, da ein Teil
bereits in den 30er-Jahren und nochmals 1963 unter Naturschutz
gestellt wurde und WWF sowie Naturschutzbund wichtige Flächen
anpachteten. Seit der Errichtung des Nationalparks erfolgt die Wiesenbewirtschaftung
naturschutzkonform. So wird viel später gemäht als auf Wirtschaftswiesen, um den Insekten die Zeit zu ihrer Entwicklung zu geben –
gehören die Zitzmannsdorfer Wiesen mit
30 Heuschreckenarten doch zu den wichtigsten Heuhüpfer-Lebensräumen in Österreich.

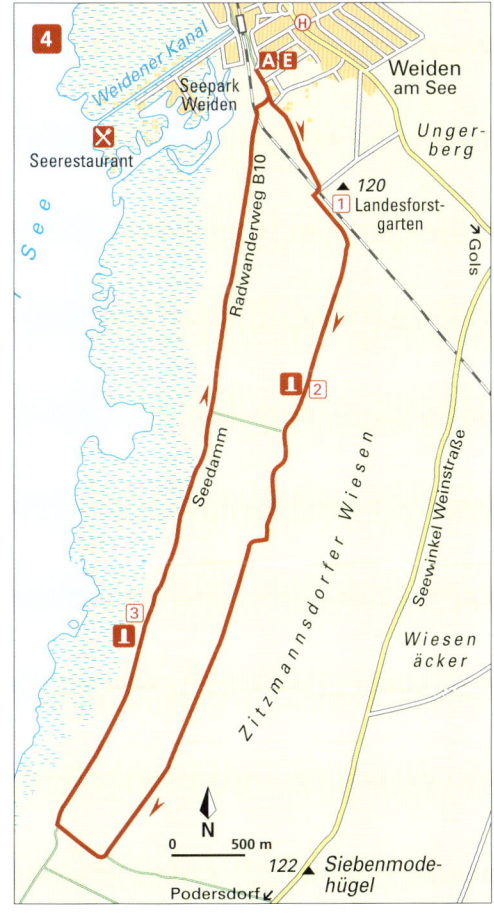

Beim Turm zweigt eine Wegverbindung zum
Seeufer nach rechts ab, wir bleiben aber auf
unserem Weg nach Süden und gelangen so
langsam ein bis zwei Höhenmeter hinunter
ins „Tiefland". Gut, dass der Weg geschottert
ist, denn im Frühjahr sind dort Teile des
Geländes überschwemmt. Bereits im Juni erin-
nern auf den ersten Blick nur noch die schein-
bar „unmotiviert" auftauchenden Schilfbe-
stände, durch die sich der Weg schlängelt, an
die nasse Saison. Bei genauerem Hinsehen
zeigt sich aber, dass sich Tiere und Planzen an
die unterschiedlichen Bedingungen angepasst
haben. In den feuchten Wiesen blüht von
August bis Oktober der Lungenenzian und hier
krabbelt die anspruchsvolle Sumpfschrecke,
die man beide auch in den Pfeifengraswiesen
im Stremtal (Wanderung 19) findet. Eine
Besonderheit dieser Stellen ist die panno-

Mit seiner Haube und dem Schwarzweiß-muster ist der Wiede-hopf unverkennbar.

nische Bergeidechse, die es nur an relativ kühlen „Inseln" um den Neusiedler See gibt. Sie ist eine Unterart der sonst in eher feuchten und kühleren Regionen lebenden Berg- oder Waldeidechse *(Zootoca vivipara)*. Die Vegetation bildet sogar kleine Kalkflach-moore mit Wollgras, Sumpf-Läusekraut, Fieberklee und den Orchi-deen der Feuchtwiesen aus. Ein paar hundert Meter weiter im Süden, nach dem letzten Wegschlenker, ändert sich das Bild wieder, denn wir sind wieder „oben". Statt dem Lungen- blüht nun der Kranz-enzian, statt dem Breitblättrigem Knabenkraut erfreuen das Kleine und das Brandknabenkraut den Besucher.

Etwa 45 min nach dem Beobachtungsturm biegt der Schotterweg nach rechts zum Seedamm ab. Wir bleiben aber weiterhin gerade-aus und gehen das letzte Teilstück (rund 30 min) auf einem weichen Wiesenweg bis zu dessen Ende und Einmündung in einen geschot-terten Querweg. Je nach Jahreszeit blühen entlang dieser Strecke verschiedene Blumenarten, aber selbst in sommerlicher Trockenheit ist immer etwas zu sehen.

Maulwurfsgrillen können mit ihren breiten Vorderbeinen gut graben und legen in lockeren Böden weite Gangsysteme an.

Am Ende des Wiesenwegs haben wir die ersten Weingärten von Podersdorf erreicht und biegen nach rechts, hinüber zum Seedamm nahe dem Neusiedler See, den wir in 10 min erreichen. Auf dem Seedamm führt der Rad- und Wanderweg B10 (stellenweise asphaltiert, meistens geschottert) 5 km bis nach Weiden. Der Seedamm und damit der Weg bilden zugleich die Grenze zwischen den Zitzmannsdorfer Wiesen und dem im Frühjahr stellenweise überschwemmten Seevorgelände zum Schilfgürtel des Neusiedler Sees. Ein Beobachtungsturm, den wir nach einer halben Stunde erreichen, erlaubt es uns problemlos über das Buschwerk, das immer wieder die Sicht zum Seevorgelände versperrt, hinwegzublicken.

Der Bereich der Zitzmannsdorfer Wiesen, der an den Seedamm grenzt, ist mit 119 m der höchstgelegene dieser Ebene und daher am trockensten und steppigsten. Dort blühen im Frühjahr zuerst Zwergschwertlilie und Zypressenwolfsmilch, dann Österreichischer Salbei, Stengelloser Tragant, Steppen-Glockenblume und das Runzelnüsschen. Bereits Ende Juni ist das meiste dort wieder verdorrt und harrt der nächsten Frühjahrsregen. Solche warmen und trockenen Landschaften mit Wiesen und Weiden liebt der **Wiedehopf** *(Upupa epops)*. Eigentlich brütet er in Baumhöhlen – fehlen jedoch so wie hier die aufgelockerten Baumbestände, nimmt er eben mit Steinhäufen vorlieb. Daher kann man ihn immer wieder nahe dem Weg sehen, unverkennbar mit seinem schwarz-weiß-braunen Gefieder und seiner Haube, die er hoch aufrichtet, sobald ihn etwas neugierig macht. Der lange, zarte Schnabel zeigt, dass er hinter bodenlebenden Insekten und deren Larven her ist. Kopfnickend

Der Kiebitz ist der auffälligste Wiesenvogel des Seewinkels.

läuft er dabei über den Boden und stochert in jede Lücke. Die Beute wirft er in die Luft, und lässt sie sich dann durch den offenen Schnabel direkt in den Rachen plumpsen. Die erklärte Wiedehopf-Lieblingsspeise sind übrigens Maulwurfsgrillen. Seinen Flüssigkeitsbedarf kann er problemlos über die Nahrung decken, und zum Baden nimmt der Wiedehopf kein Wasser, sondern Sand oder feine, trockene Erde.

Nördlich des Beobachtungsturms ③ gibt es mehrmals freie Stellen, manchmal ist dort das im Winter geschnittene Schilf in kegelartigen Raufen gelagert. Entlang der Wiesen rechts und dem Schilfgürtel des Sees links erreichen wir nach einer Stunde wieder unseren Ausgangspunkt bei der Eisenbahnlinie in Weiden.

Von Illmitz in die Hölle

Die beliebteste Route im Nationalpark

Vom Rast- und Parkplatz ① an der Straße Illmitz–Neusiedler See führt uns der zunächst asphaltierte Wander- und Radweg B20 nach Norden an der Zicklacke (auch Illmitzer Zicklacke oder Illmitzer Zicksee) vorbei. Ein Beobachtungsturm (mit Fahrrampe) beim Rastplatz und ein zweiter 500 m weiter nördlich ermöglichen Rundblicke von erhöhter Warte. An diesen zentralen Stellen konzentrieren sich allerdings auch die meisten Besucher des Nationalparks. Gesäumt wird die Lacke von salzertragender Vegetation, Simsenbüscheln mit stachelig-spitzigen Blättern und Trockenrasen. Auf den Inselchen siedelt eine lärmende Lachmöwenkolonie und Gänsefamilien spazieren an milden Frühlingsabenden ungeniert am Weg umher. Während Tiere dort, wo sie bejagt werden, enorme Fluchtdistanzen vor dem Menschen haben, merken sie sich bald Regionen, in denen der Mensch nur Beobachter auf fixen Routen ist, und verlieren viel von ihrer Scheu. Um diesen „Nationalpark-Effekt" zu

Info

Der Weg durch die Nationalpark Bewahrungszone führt bilderbuchartig durch die meisten der im Seewinkel vorkommenden Lebensräume. Die Strecke von der Zicklacke in die Hölle ist mit dem Rundweg um die Lange Lacke eine der beiden „klassischen" Seewinkelrouten, denn Zicklacke und Lange Lacke sind besonders vogelreich. Idyllisch und ruhig ist dagegen der Wegabschnitt auf dem Seedamm am Rückweg unserer Route.

Anreise

Von der A4 Abfahrt Weiden nach Süden bzw. von Neusiedl nach Podersdorf und 11 km weiter nach Illmitz. Dort rechts (beschildert) Richtung Neusiedler See. 1 km westlich von Illmitz an der Seestraße Park- und Rastplatz.

Wanderroute

Rundweg: Illmitzer Seestraße Parkplatz – auf dem Weg B20 vorbei an der Zicklacke (Turm) zum Unterstinkersee (Turm) (1 Std). Weiter zum Oberstinkersee und dem Gasthof Hölle (3/4 Std.). Dort der Straße entlang am Oberstinkersee und nach rechts in den Schotterweg. Den See entlang (Turm) zum Weg B20 und beim Wasserschloss nach links auf den Seedamm (1 Std). Diesen nach Süden zur Biologischen Station (1,5 Std), von dort zurück zum Parkplatz. Gute Beschilderung.
Dauer: 4–5 Std.
Karte: Nationalpark Gebietskarte 1:25.000 Illmitz – Hölle (mit Biotopinfo), oder freytag & berndt WK 271.
Anforderungen: Ebene Rad- und Wanderwegstrecken. Entfernung Zicklacke – Hölle 7 km, gesamt 15 km.
Ausrüstung: Feldstecher; zur Vogelbeobachtung ein Fernrohr.
Einkehren: Beim Oberstinkersee: Wirtshaus „Zur Hölle". An der Seestraße im Westen von Illmitz: Pusztakeller Karlo und Pusztahof. Brunnen am Parkplatz Illmitzer Zicklacke.
Günstigste Jahreszeit: März bis Juni, Sept. bis November.
Information: Nationalpark-Infozentrum in Illmitz
Hinweise: Lehrtafeln stehen an der Zicklacke und bei der Biologischen Station. Zwei Beobachtungstürme an der Illmitzer Zicklacke (nach Osten), einer am Unterstinker- (nach Osten), zwei am Oberstinkersee (nach Norden und Westen).

erhalten, ist es notwendig, dass die Besucher die Wege nicht verlassen.

Wenn in der Sommertrockenheit die Vögel weniger werden, leuchten die violetten Blüten der Dorn-Hauhechel und nicken jene des Zahntrosts, beides Heilpflanzen der Volksmedizin. Der heutige Zustand der Zicklacke ist nur noch ein Rest eines ausgedehnten Sees, der im Sommer auch völlig austrocknen kann. Auf alten Karten ist die Zicklacke sogar noch als ein Teil des Neusiedler Sees eingezeichnet.

Durch Weingärten geradeaus nach Norden weiter bringt uns der nun geschotterte Weg in etwa einer halben Stunde zum Unterstinkersee ②. Die Sandbodenweine, die hier zwischen den Lacken und dem Seedamm bis nach Podersdorf hinauf wachsen, sind bei Weinliebhabern überaus begehrt. Sobald die Trauben im Sommer reifen, versuchen flatternde Vogelscheuchen und explodierende Knallfrösche mit allerlei Getöse die hungrige Vogelwelt abzuhalten. Etwa in der Mitte des Unterstinkersees erlaubt wiederum ein Beobachtungsturm einen erhöhten Standpunkt und damit Blicke über das Schilf hinweg nach Osten auf die Wasserfläche. Geheimnisvoll klingt es, wenn in der Frühjahrs-Abendsonne die Rotbauch- (oder Tiefland-) Unken *(Bombina bombina)* ihre glockenartig klingenden U-Rufe zum gemeinsamen Konzert ertönen lassen. Die Lurche bewohnen Tümpel in den Tiefländern Osteuropas. Ihr schlammfarbener Rücken ist eine vorzügliche Tarnung, während die bunte Unterseite wie bei der Gelbbauchunke, die höhere Lagen besiedelt, eine Warnung an Fressfeinde darstellt: „Ich schmecke dank ätzender Hautsekrete grauenvoll, lass' es also gleich bleiben."

Die beiden Stinkerseen erhielten ihren Namen wegen ihres Schwefelwasserstoffgehalts aus unterirdischen Schwefelquellen. Auch in der Hölle gab es eine (derzeit still-

Beutelmeise

Salz-Kresse – Spezialist
auf Salzböden

gelegte) Schwefelquelle. Am Nordrand des Unterstinkersees knickt
der Weg B20 für knapp 200 m nach
links und beim Wasserschloss ③
gleich wieder nach Norden. In einer
Koppel beim Wasserschloss sind
manchmal die für ein Auswilde-
rungsprojekt in der Mongolei vor-
gesehenen Przewalski-Pferde untergebracht. Von hier bis zur 2 km
entfernten „Hölle" ④ verläuft der
B20 am Seedamm geradeaus nach
Norden. Während der Blick auf den Oberstinkersee rechterhand meist
durch Schilf oder Weidengebüsch verdeckt ist, wird das Seevorgelände westlich des Weges bei der Hölle von Pferden beweidet.
Diese offenen Stellen mögen Vögel wie Kiebitz, Rotschenkel, der
langbeinige Stelzenläufer und ein Dutzend weitere Limikolenarten
(von „Limes" – Grenze, weil sie im Kontaktgebiet von Wasser und
Land leben). An Reptilien ist der ganze Seewinkel dagegen recht
artenarm, regelmäßig kommen nur Zauneidechse, Blindschleiche
und Ringelnatter vor.

Beim Gasthof „zur Hölle" treffen sich die Rad- und Wanderwege
B20, B10 und die Zufahrt von der Landstraße Illmitz-Podersdorf
her. Ein Abstecher 10 min lang am Seeufer entlang nach Norden
bringt uns zu den Mangaliza-Schweinen, drollig-wolligen „Rüssel-
tieren", die eine selten gewordene, wohlschmeckende alte Haustierrasse verkörpern. Wieder zurück beim Gasthof folgen wir der
Straße nach Südosten entlang dem Ufer des Oberstinkersees ⑤.
Östlich der Straße sind zur Zugzeit im März / April auf den temporär
überschwemmten Flächen der Hochgstetten ⑥ viele Watvögel aktiv.
Dann linsen die Beobachter mit ihren Fernrohren gleich im Dutzend von der Beobachtungsplattform und durch das Gebüsch am
Straßenrand. Ab Mai, wenn der Uferbereich am Oberstinkersee
trockenzufallen beginnt, brüten dort nahe der Straße Säbelschnäbler
(*Recurvirostra avosetta*). Während sich die Vögel in ihrem Lebensraum tummeln, bildet ihr Gefieder zugleich einen solchen für eher
weniger schutzwürdige Quälgeister – bis zu 18 Parasitenarten woh-
nen z. B. im „Hotel zum Säbelschnäbler". Der versucht allerdings,
die Artenvielfalt durch häufiges Kratzen möglichst gering zu halten.

Nach 20 min biegt unsere Route von der Straße nach rechts und
folgt als Schotterweg dem Oberstinkersee 500 m zum Beobachtungsturm; dessen Blickrichtung ist nach Westen hin orientiert. Auf
den salzig-sandigen (Solontschak) Böden der Uferzone blühen im

Frühjahr die Salz-Kresse und im Herbst die Strandaster. Im Sommer herrscht am Oberstinkersee eine Zeit lang biologische Ruhepause, erst ab September regt sich wieder das Leben. Da der Grundwasserspiegel durch die Drainage-Maßnahmen im Kulturland des Seewinkels gegenüber früher um ca. 40 cm gesunken ist, kann er in trockenen Sommern auch für die grundwassergespeisten Lacken nicht mehr ausreichen, daher fällt der Oberstinkersee nun manchmal trocken.

Am Südende des Oberstinkersees führt uns der Weg durch Weingärten in einem Rechtsbogen nach 20 min zum Radweg B20 kurz vor dem Wasserschloss. Bei diesem wenden wir uns nun nach links auf den Seedamm ⑦. Ein sandiger Naturweg bringt uns, den Damm entlang immer nach Süden, in 1,5 Stunden bis zur Biologischen Station. Viel weniger besucht als der Weg B20 ist dies eine idyllische Strecke, etwa wenn die Manna-Eschen blühen und die Knabenkräuter überall sprießen. Die mosaikartige Kulturlandschaft mit ihren Hecken und Baumgruppen bietet einen großen Artenreichtum an Vögeln und Libellen. Die meisten Wiedehopfe des Seewinkels stochern hier nach Insektenlarven, Kirsch- und Nussbäume in den Weingärten hat der Blutspecht „zum Fressen gerne". Schwarzkehlchen und Neuntöter sitzen auf Warten bei Gebüsch, der Pirol in den Wipfeln von Pappel und Esche. Dass das Ostufer des Neusiedler Sees zu den windreichsten Gebieten im europäischen Binnenland zählt, lässt sich hier allerdings auch bemerken – nicht nur daran, dass die Libellen stellenweise regelrecht rückwärts fliegen.

Im Wäldchen um die Biologische Station ⑧ stehen einige Informationstafeln. Solche Bäume am Schilfrand wie hier sind ein Nistplatz der Beutelmeise *(Remiz pendulinus)*, die in einigen Metern Höhe ihr kunstvolles Nest an die Zweige baut. Das Männchen verwendet gern die halbfertige Wohnung zur Brautwerbung. Da die Beutelmeisen so gut geschützt sind, genügt im Prinzip ein Elternteil für Brut und Aufzucht. Der zweite macht sich daher manchmal davon und sucht einen neuen Partner. Im Frühling blüht außerdem vor der Biologischen Forschungsstation eine Zwergmandel *(Prunus tenella)*. Von der Station bringt uns deren Zufahrtsstraße durch Kulturland nach 1 km zur Seestraße und dem Rastplatz zurück.

Als Variante ist es möglich, 500 m südlich des Unterstinkersees nach Südosten in den asphaltierten Radweg abzuzweigen, der über den Geißelsteller ⑨ zum Informationszentrum ⑩ führt. Kurz vor dem Info-Zentrum ist nördlich der Zicklacke eine Herde schottischer Aberdeen-Angus-Rinder untergebracht, die seit 1988 einem Langzeit-Forschungsprojekt zur Ökologie des Lebensraums Sodalacke dient.

Die seenahen Lacken

Die Entstehung der Seewinkel-Lacken ist bis heute nicht restlos geklärt. Die das Ostufer begleitenden Lacken könnten zum einen mit dem Seedamm zusammenhängen. Dieser Uferwall des Neusiedler Sees ist das Ergebnis von Eisstößen, die gewaltige Schubkräfte entfalten. Dadurch werden große Mengen Sediment bewegt und am Rand des Sees abgelagert. Wird nun vom Wellenschlag eine Lücke in den Damm gerissen, so entsteht dahinter durch Auswaschung und Strömung des Wassers eine parallel zum Damm verlaufende Senke – die Grundlage für eine Lacke. Zum anderen könnten die seenahen Lacken auch direkt durch Abtrennung vom ehemals viel weiter ins Land reichenden Neusiedler See entstanden sein.

Sandeck – Schrändlsee – Neudegg

Das weite Seevorgelände

Die Route führt am weitläufigen Seevorgelände westlich von Apetlon vorbei. Der Beobachtungsturm in Sandeck ermöglicht gute Blicke in den Schilfgürtel des Neusiedler Sees, in Neudegg ist das Beweidungsprojekt der Nationalpark-Bewahrungszone mit ungarischen Graurindern zu sehen. Gut geeignet für das Fahrrad.

Anreise

Von der A4 Abfahrt Weiden nach Süden bzw. von Neusiedl nach Podersdorf und 11 km weiter nach Illmitz. Dort rechts (beschildert) in Richtung Neusiedler See bis zum Seedammwäldchen 3 km westlich von Illmitz (Parkplatz). Der Weg zweigt von der Seestraße nach Süden hin ab.

Wir beginnen beim Seedammwäldchen ① an der Seestraße 3 km westlich von Illmitz (Parkplatz). Bereits am Straßenrain begrüßen den Besucher ab Juni viele dekorative Königskerzen *(Verbascum sp.)*. Nördlich der Straße schließt eine Pferdekoppel an; bei der alten Hütte links von der Koppel führt ein Steg in den sonst so unzugänglichen Schilfgürtel des Neusiedler Sees. Mit der Ausdehnung von 180 km² weist der Neusiedler See heute die größte geschlossene Schilffläche in Mitteleuropa auf, die allerdings erst durch die Entwässerungsmaßnahmen im 20. Jahrhundert so ausgedehnt entstanden ist. Das Schilfrohr bleibt vor allem im ständig überfluteten Bereich für lange Zeiträume konkurrenzstärkste und fast einzige Pflanzenart und bildet so auf weiten Flächen eine natürliche Monokultur. Eine der Gründe für den Erfolg des Schilfs ist seine enorm hohe Wachstumsleistung: In nur 6 Wochen erreicht es eine Höhe von über 2 m. Die Sonnenenergie wird etwa dreimal so gut

Wanderroute

Wegstrecke: Vom Illmitzer-Seedamm nach Süden bis Sandeck 2,5 km, dort nach Nordosten zu den Schrändlseen 3 km, von den Schrändlseen nach Süden bis Neudegg 3,5 km, dort am Fahrweg nach Apetlon 3 km (als Rundweg 6 km Apetlon – Illmitz – Seedamm dazu).
Dauer: 3,5 Std (als Rundweg 5 Std).
Karte: freytag & berndt WK 013.
Anforderungen: Ebene, breite Schotter- und Wanderwege, teilweise ident mit dem Burgenlandradweg B20; Länge 12 km (als Rundweg 18 km).
Ausrüstung: Feldstecher, Trinkwasser, Fernrohr.
Günstigste Jahreszeit: Frühjahr und Frühsommer (März bis Juni), Herbst.
Einkehren: Heurigenlokal Thell (schöner Innenhof mit Storchennest) am Westrand von Apetlon (Wasserzeile), Gasthof zum fröhlichen Arbeiter (mit Storchennest) im Osten von Apetlon (Hauptstraße), Weingut Rosenhof in Illmitz.
Information: Nationalpark Info-Zentrum Illmitz.
Hinweise: Je ein Beobachtungsturm (nach Süden und Westen) in Sandeck und in Neudegg.

genutzt wie von den meisten anderen Pflanzen (C4-Weg). Ein wichtiger Bestandteil der Schilfpflanze ist der unterirdisch wachsende Teil des Sprosses, das Rhizom, das mehrere cm dicke, schlauchartige Hohlräume aufweist. Es bildet bis in ca. 1/2 m Tiefe ein dicht verfilztes Geflecht, aus dem jedes Jahr die frischen Schilfhalme austreiben. Im Spätsommer und Herbst werden dort die Nährstoffe gespeichert.

Vom Seedammwäldchen führt unsere Wegstrecke auf dem breiten Rad- und Wanderweg B20 nach Süden hin 2,5 km lang geradeaus nach Sandeck. Dabei passieren wir Weingärten mit aufgelassenen Brachflächen, die verschiedene Pionierpflanzen besiedeln ②. Seit Neuestem nimmt der Weinbau im Seewinkel wieder zu, da Brachen nicht mehr gefördert werden. Auffallend sind die großen Büschel des Gemeinen Natternkopfs und die Ochsenzungen, beide ab Juni in blauer Blütenpracht. Die Wiese gegenüber dem Beobachtungsturm in Sandeck ③ ist im Frühjahr ein reicher Orchideenstandort (Kleines Knabenkraut) und es gibt einige Zwerg- und Sibirische Schwertlilien. Den Sandrücken zum See beweiden österreichisch-ungarische Albinoesel, eine verschwindende Haustierrasse aus Ungarn, wo sie einst die k. u. k. Magnaten als Statussymbole hielten.

Der Beobachtungsturm ermöglicht uns einen weiten Blick auf die Schilfinseln des Neusiedler Sees. Dabei ist zu sehen, dass der Schilfgürtel gar nicht so monoton ist, wie es zunächst den Anschein erweckt. Bestände verschiedener Altersstufen bilden ein Mosaik unterschiedlicher Lebensräume. Schilfkanäle (Schluchten) durchziehen die Schilfflächen, dichte Jungschilfbestände wechseln mit Altschilf ab. Dazwischen entstehen freie, mit Wasserschlauch bewachsene Schilflacken und kleine Tümpel (Blänken).

Blütenstand der Gewöhnlichen (Filzigen) Königskerze

69

Mit einem Fernrohr lässt sich in den freien Wasserflächen im Schilf so manches beobachten: z. B. Purpurreiher, die auf dem Wasser zu schweben scheinen, tatsächlich aber knapp unter der Oberfläche endende Holzpflöcke als Lauerwarte benutzen. Die Löffler *(Platalea leucorodia)* haben ihre letzte Brutkolonie am See hier versteckt und abends tuten im Frühling laute „Nebelhörner" aus dem Schilf – keine verirrten Ozeandampfer, sondern Rohrdommeln *(Botaurus stellaris)*. Diese kleinen Reiherverwandten turnen perfekt getarnt durch den Schilfstangenwald und haben am Neusiedler See ihren größten Brutbestand Europas.

Der Neuntöter jagt wie alle Würger größere Insekten und spießt seine Beute manchmal auf Dornen als Vorrat auf (daher der Name).

Vier Faktoren prägen den Lebensraum Schilf für Wasserorganismen: Die große Menge an Pflanzenmaterial, der hohe Nährstoffgehalt sowie die stark schwankenden Sauerstoff- und Wasserstandsbedingungen. Das Schilf funktioniert wie eine biologische Kläranlage, doch besteht durch die hohe Aktivität bei der Zersetzung der Pflanzenabfälle ein sehr großer Sauerstoffbedarf. Besonders während der Nacht, in der keine Photosynthese möglich ist, fällt der Sauerstoffgehalt im Wasser rapide ab. Deshalb kommt es am Morgen zu einer Sauerstoffzehrung. Die Fische sind dadurch benommen und die Reiher daher besonders erfolgreich. Das Schilf kann diese sauerstofflosen Perioden hingegen durch den Transport von Luft durch die hohlen Halme in die Rhizome (Wurzelstöcke) überstehen.

Von Sandeck folgen wir dem Radweg B20 3 km lang geradeaus in Richtung Illmitz durch Kulturland und über Wiesen, in denen Störche herumstochern. Bei den ersten Häusern von Illmitz biegen wir nach einem kleinen Wegschwenk bei der ersten Möglichkeit nach rechts (Radwegpfeil) und folgen dem Weg entlang den beiden kleinen Schrändlseen nach Süden. Die Schrändlseen ④ sind völlig verschilft, das reiche Vogelleben meldet sich hier rein akustisch. Nicht nur untertags. Auch in der Nacht macht der Rohrschwirl *(Locustella fluviatilis)* mit seinem „Gesang" seinem Namen alle Ehre. Die Kontaktzonen zwischen Schilf und dem Kulturland sowie Entwässerungsgräben sind der Lebensraum des hübschen Weißsternigen Blaukehlchens *(Cyanosylvia [Luscinia] svevica cyanecula)*. Um den Neusiedler See ist das Vögelchen nicht selten, im übrigen Europa wie so viele andere Röhrichtbrüter gefährdet.

Am Südende der Schrändlseen biegt der Radweg nach links, zu Fuß können wir geradeaus nach Süden weitergehen. Der Feldweg führt durch eine Wiese mit dem allgegenwärtigen gelben Labkraut, die

Lerchen singen vom April bis in den Juni. Zur Orientierung dient der einzige Baum weit und breit in der Landschaft, und von dieser Esche aus ist im Süden bereits der Beobachtungsturm von Neudegg zu sehen, auf den wir von nun an zuhalten. Die Türme von Sandeck und Neudegg sind ehemalige Wachtürme des ungarischen Eisernen Vorhangs, die nun hier (und ebenso auf der ungarischen Seite des Nationalparks) sinnvolleren Zwecken dienen.

Nach 1 km mündet der Feldweg bei einem Kanalbrücklein in einen Schotterweg. Libellen, Schilfvögel, eine Rohrweihe kreist – das Brücklein ⑤ ist ein guter Beobachtungsplatz. Auf dem Schotterweg dauert es noch eine halbe Stunde bis zum Beobachtungsturm von Neudegg.

Löffler stochern mit ihrem breiten, empfindsamen Schnabel im Flachwasser nach allerlei Fressbarem im Schlamm.

Hinter dem Turm ⑥ weidet eine Herde Ungarischer Graurinder. Das Managementziel des Nationalparks ist es, die landseitige Verschilfung zurückzudrängen und das funktioniert prächtig. Das Anheben des Seewasserspiegel mittels der Schleuse im Einserkanal im Jahr 1965 hatte die Ausbreitung des Schilfs zumindest seeseitig verlangsamt. In Richtung Land schritt das Schilfwachstum nach dem Ende der Weidewirtschaft hingegen fast ungehemmt fort. So war auch das Neudegger Seevorgelände seit den 60er-Jahren mit Schilf zugewachsen. Doch bereits nach vier Jahren Beweidung waren einige der dort fast ausgestorbenen Pflanzen, die leicht salzigen Boden brauchen, wieder weit verbreitet. Es ist nicht das Abfressen, sondern der Tritt des Viehs, der die Ausbreitung des Schilfs verhindert.

Ungarische Graurinder werden für das Beweidungsprojekt in Neudegg eingesetzt.

Vom Turm in Neudegg haben wir mehrere Möglichkeiten zurückzukehren. Entweder über Apetlon: 700 m auf dem gleichen Weg zurück nach Norden, bei der ersten Abzweigung rechts und auf der Schotterpiste 2 km durch Kulturland und Wiesen nach Apetlon. Von Apetlon dann den Radweg entlang der Landstraße durch Illmitz bis zum Seedammwälchen (6 km). Oder vorbei am Kirchsee: Dazu müssen wir am gleichen Weg zu den Schrändlseen zurück und dort kurz wieder in den B20 in Richtung Sandeck einbiegen. Bei der ersten Abzweigung nach 300 m verlassen wir den B20 aber nach rechts und halten nach Nordwesten auf den Beobachtungsturm beim Kirchsee zu (10 min). An diesem vorbei geradeaus kommen wir zur Illmitzer Seestraße und dort nach links 1,5 km zurück zum Seedammwäldchen.

Rund um die Lange Lacke

Das Vogelparadies des Nationalparks

Info

Die Lange Lacke ist mit bis zu 312 Hektar die größte der im Seewinkel verbliebenen Lacken, als ehemaliges WWF-Naturschutzgebiet ein Herzstück des Nationalparks und als Vogelparadies ersten Ranges ein Feuchtgebiet von internationaler Bedeutung und Drehscheibe des Vogelzugs. Ein breiter Schotterweg umrundet die Lange Lacke und führt durch alle Lebensräume, die ein miteinander eng verzahntes Biotopmosaik bilden.

Anreise

Von der A4 Abfahrt Weiden nach Süden bzw. von Neusiedl nach Podersdorf und 11 km weiter nach Illmitz und 2 km weiter nach Apetlon. Die Lange Lacke liegt 2 km nordöstlich von Apetlon. Parkplatz an der Straße Apetlon-Wallern.

Die Lange Lacke lässt sich aus allen Himmelsrichtungen erreichen. Im Südwesten vom Nordrand Apetlons her, im Nordwesten vom Warmsee (Radweg B20), im Osten und Südosten vom Güterweg nach St. Andrä und im Süden von der Landstraße Apetlon-Wallern (mit Parkplatz und Imbisslokal). Ob der Besucher dann links- oder rechtsherum um die Lange Lacke geht, ist egal, am besten richtet man sich nach Tageszeit und Sonnenstand. Entlang des Rundwegs lässt sich gut erkennen, wie sich im Flachland bereits Höhenunterschiede von 10 oder 20 cm auf den Untergrund und die Artenzusammensetzung auswirken können. So trägt das Mosaik aus kleinen Kuppen und Senken rund um die Lacke jeweils charakteristische Pflanzengesellschaften. Im Wesentlichen bilden sich dabei ringförmige Zonen um die Lacke, beginnend mit Knollenbinsen (Meerbinsen)-Röhricht, dessen Ausläuferknollen eiweissreiches Gänse-

Wanderroute

Rundweg: Vom Parkplatz nach Norden zur Kassa und halblinks zum ersten Turm (10 min) – am Südwestufer entlang (Turm, 1,5 km) – das Westufer entlang durch die Hutweide (Turm, 1 km) – am Nordufer an den Wörtenlacken vorbei und zum Turm im Nordosten (3 km) – entlang dem Ost- und dem Südufer zurück zum Parkplatz (4 km).
Dauer: 2,5 Std.
Karte: freytag & berndt WK 013.
Anforderungen: Völlig ebener, geschotterter Rad- und Spazierweg, Länge 10 km.
Ausrüstung: Feldstecher, zur Vogelbeobachtung ein Fernrohr, ab Mai Mückenschutz.
Günstigste Jahreszeit: Das ganze Jahr ein lohnendes Ziel. Höhepunkte: Vogelzug und Frühjahrsblüte April bis Mai und Vogelzug im Herbst (Ganslstrich).
Einkehren: Imbisslokal am Parkplatz Lange Lacke.
Information: Informationszentrum am Nordrand von Illmitz; Schautafel neben dem Parkplatz.
Hinweise: Drei Beobachtungstürme stehen auf der Südseite, einer auf der Westseite, einer im Nordosten zwischen Langer Lacke und östlicher Wörtenlacke. Eintritt: Die Arge Lange Lacke kassiert untertags (falls das Kassahäuschen besetzt ist) von den Vorbeikommenden 1 €. Alle anderen Wege um und zur Langen Lacke sind wie überall im Burgenland kostenlos.

futter abgeben. Salzsumpfwiesen folgen in Niederungen und Strandgesellschaften auf den trockenfallenden Bereichen. Auf höheren Stellen, die nicht mehr überschwemmt werden, wächst eine Salzsteppe, die schließlich auf den salzfreien Rücken in Kalk-Magerrasen übergeht.

Gegenüber vom Parkplatz gibt uns die Informationstafel auf der nördlichen Straßenseite einen ersten Überblick über den Lackenrundweg. 150 m weiter steht das Kassahäuschen, dann erreichen wir halblinks nach Nordwesten an Weingärten vorbei in fünf Minuten den ersten Hochstand. Wenn ab Juni der Natternkopf *(Echium vulgare)* am Wegrand blüht, schwirren in der Abendsonne die Taubenschwänzchen *(Macroglossum stellatarum)* manchmal gleich gruppenweise herbei. Wie Miniaturkolibris senken diese tagaktiven „Nachtfalter" ihre Rüssel auf Nektarsuche in die Blütenkelche. Die langen Schwärmerrüssel sind als Schutz vor in den Blüten lauernden Spinnen entstanden. So können sich die Schmetterlinge, weiter als einen „Spinnenhupf" entfernt, verköstigen.

Im flachen Seewinkel bieten die Hochstände im Nationalpark einen besseren Blick ins Gelände.

Vom ersten Turm führt der Weg Richtung Westen am Ufer entlang zum Sauspitz, die Bucht in der Südwestecke der Langen Lacke. Auf den im Sommer trockenen Bereichen in Ufernähe können kurzlebige Pioniere wie Dorngras (auf Ton) oder Zypergras (auf Sand) die Gelegenheit nutzen. Auf salzig-sandigem Solontschakboden am Lackenrand sprießen die besonders Salzresistenten, wie Salz-Kresse, Strand-Salzmelde und Pannonische Salzaster. Der zweite Beobachtungsturm erlaubt hier einen Blick über das Schilf hinweg zu den lärmenden Watvögel- und Seeschwalbengruppen bei der Halbinsel hinter dem Schilf.

An der Südwestecke biegt der Rundweg nach rechts, wir folgen nun durch die Apetloner Hutweide (mit Beobachtungsturm) knapp 1 km

Die Apetloner Hutweide

Die Wiese zwischen Warmsee und Langer Lacke war die letzte, die nach dem Ende der Beweidungen 1965 dank 20-jähriger WWF-Hilfe statt umgeackert noch weiterhin als Weide benutzt wurde. Seit der Nationalpark-gründung erfolgt die Beweidung nun wieder ausgedehnt mit dem Ziel, die Wiesen für Wiesenvögel kurz zu halten und das Schilf-wachstum einzudäm-men. Der Name „Hut-weide" stammt von Hüten; bei dieser alten, extensiven Weideform ist die ganze Weide im Besitz der Dorfgemeinschaft, der einzelne Bauer besitzt als Anteil Weiderechte.

Rotbauchunke mit knalliger Warnfarbe

dem Westufer und schwenken danach nach Osten. Die blumenreichen Wiesen der Hutweide sind mit ein Ergebnis langer Beweidung. Man findet hier viele der bunten Frühjahrsblüher der Trockenrasen (von der Zwergschwertlilie bis zur Traubenhyazinthe); besonders schön sind die Wiesen im Mai, wenn das Kleine Knabenkraut *(Orchis morio)* rotblühende Massenbestände bildet. In diesem Gebiet zwischen Warmsee und Langer Lacke treffen wir zwei häufige Vögel des Seewinkels, den unauffälligen Rotschenkel *(Tringa totanus)* und den schmucken Kiebitz *(Vanellus vanellus)*. Dieser hervorragende Flieger macht sich mit seinem lauten „Kie-witt" bemerkbar. Er kommt schon früh im Jahr aus dem Süden gezogen und besiedelt offenes Flachland mit niedriger Pflanzendecke. Solch niedrig bewachsene Wiesen sowie flache Uferzonen nutzt ein weiteres Wahrzeichen des Seewinkels, der Weißstorch. Ursprünglich ein Baumbrüter (wie heute noch in Marchegg an der slowakischen Grenze) hat er sich dem Menschen angeschlossen und bewohnt inzwischen Schornsteine oder Telegrafenmasten.

Auf der Nordseite der Langen Lacke entfernt sich der Rundweg etwas vom Lackenufer und berührt dafür den Südrand der im Nor-den an die Lange Lacke angrenzenden Wörtenlacken. Lange Lacke und Wörtenlacken sind zwar „Weiße Lacken", haben durch ihren geringen Sodagehalt aber mehrere natürliche Schilfstandorte. Inzwi-schen bedeckt das Schilf jedoch beinahe die Hälfte der Ufer, ein Effekt des fehlenden natürlichen Wasserhaushalts der Lacken. Denn um Überflutungen der Felder bei Hochwasser zu verhindern, ent-hielten viele der nicht sowieso entwässerten Lacken im 20. Jahr-hundert Hochwasser-Ableitungskanäle. Die nun fehlenden Wasser-standsschwankungen förderten wie am Neusiedler See massives Schilfwachstum, das sich im früher unbewachsenen Uferbereich der Lacken, dem Brutgelände vieler Watvogelarten, ausbreitete. Zwerg-Seeschwalbe und Triel sind seither verschwunden und von den einst häufigen Fluss-Seeschwalben brütet nur noch ein Bruchteil an der Langen Lacke. An sich ist das Aufeinander-treffen von verschilften (solange sie nicht über-hand nehmen) mit kahlen Ufern, bewachsenen und kahlen Inselchen sowie weiten Wiesenflächen der Hutweiden aber eine Basis für die hier so artenreiche Vogelwelt.

Der Beobachtungsturm am Nordostufer zwischen östlicher Wörten- und Langer Lacke bietet weiten Rundblick in die Ebene. Erheiternd, wie die an der Bucht am Nordrand der Langen Lacke brütenden Säbelschnäbler die doppelt so großen Graugänse verscheuchen. Zunächst stelzen sie nur „im Gleichschritt" hinter den Gänsen her (was denen bereits sichtlich suspekt ist). Blicken die Gänse nun über ihre Schulter zurück, „was der da hinten macht", spreizen die Säbelschnäbler rasch ihre Flügel und die Gänse nehmen reißaus vor dem „gefährlich großen Ungetüm" hinter ihnen.

Die Gänse schätzen besonders die extra für sie angelegten Wintersaat-Futterfelder am Nordostufer der Langen Lacke. Diese Felder sind auch im Interesse der Landwirtschaft; denn hätten die Gänse nicht ihre geliebte junge Wintersaat, würden sie eben die Felder der weiteren Umgebung „abräumen". Besonders beeindruckend ist daher der „Ganslstrich" im Oktober oder November hier auf der Nordost- und Ostseite der Langen Lacke, wenn tausende Grau-, Saat- und Bläßgänse abends von ihren Futterplätzen kommend auf das Wasser einfallen. Grundsätzlich gilt für den ganzen Seewinkel, sich nach der Jahreszeit zu richten. Zu den Zugzeiten z. B. sind besonders viele Vögel unterwegs, zur Brutzeit im Frühjahr ebenfalls. Im Sommer beschränken sich die Aktivitäten dagegen auf den Morgen und die Abendstunden. Wann der Zug im Herbst einsetzt, hängt natürlich auch vom Wasserstand in den Lacken ab. Hat die Lange Lacke in besonders trockenen Jahren jedoch im Herbst zu wenig Wasser oder beginnt sie später zu vereisen, so finden sich die Gänse im Südteil des Neusiedler Sees ein und sind dann von Sandeck (Wanderung 6) aus zu sehen.

Neben den Gänsen im Herbst bildet der Zug der bunten Enten eine beliebte Besucherattraktion im Seewinkel. Besonders im Frühling, wenn die Erpel ihre leuchtenden Prachtkleider tragen. Da Gänse und Enten ihre bevorzugten Gewässer kräftig düngen, kommt es manchmal zu massenhaftem Algenwachstum, das Kolbenenten und Höckerschwäne anzieht. Haben sich massenhaft Fadenalgen gebildet, und die Ufer der Lacken trocknen aus, bilden die vertrockneten Algenkrusten eine hauchzarte Schicht, „Meteorpapier" genannt.

Das Ostufer entlang gehen wir wieder gut 10 min durch schöne Orchideenwiesen, bis der Rundweg am Südufer nach Westen schwenkt und uns an einem letzten Hochstand vorbei in 20 min zurück zum Parkplatz bringt. Dort ist noch der der ehemalige Wassergraben direkt am Parkplatzrand einen Blick wert. Mitten in der Augusthitze blühen dort der Ähren-Blauweiderich *(Pseudolysimachion spicatum)* und reichlich Herbst-Zahntrost *(Odontites vulgaris)*, der leicht salzigen Boden anzeigt.

Die Lacken im inneren Seewinkel

Die Lacken des zentralen Seewinkels entstanden wahrscheinlich durch die Bildung von Eislinsen während der letzten Eiszeit. Diese von den Eskimos als Pingos bezeichneten, 20–50 m hohen Eislinsen auf einer wasserundurchlässigen Lehmschicht verhinderten deren Bedeckung mit Schotter, der während der Eiszeit von der Donau in diesem Gebiet abgelagert wurde. Nach dem Abschmelzen der Pingos in der folgenden Warmzeit waren die Lackenwannen weitgehend in der heutigen Form gebildet.

Säbelschnäbler

Neubruch-, Ochsenbrunn- und Birnbaumlacke

Die nördlichen Lacken im Seewinkel

Unser Ausgangspunkt ist die Abzweigung zur Rosalienkapelle 700 m nördlich des Warmsees. Die Rosalienkapelle ① ist mit 125 m der höchste Punkt im Seewinkel (sehr hügelig ist es dort ja nicht). Den Wegrand zwischen der Straße und der Kapelle begleiten ab Juni dichte Büschel von blau blühendem Steppensalbei *(Salvia nemorosa)*. An der salzigen Neubruch- oder Halbjochlacke 200 m hinter der Kapelle biegen wir zunächst nach links und gehen den Schotterweg am Südufer ② etwa 10 min bis auf die Höhe des Badeteichs entlang. Die Neubruchlacke wird gern von Säbelschnäblern und Regenpfeifern aufgesucht und im Abendlicht sieht man die Kiebitze und Rotschenkel auf den Wattflächen in Ufernähe herumlaufen. Am Durchzug kommen viele Kampfläufer hier vorbei, die langsam ihre Prachtkragen anlegen und schon mal für die Balzarena in Europas Norden „üben". Weil in der Nähe immer noch gejagt wird, sind die Vögel hier jedoch oft scheuer als etwa an der Zicklacke. Die Strecke bietet trotzdem gute Beobachtungsmöglichkeiten, da die Ufer nur mit Salzrasen bewachsen sind.

Wanderroute

Wegstrecke: Hinter der Rosalienkapelle an der Neubruchlacke nach links und wieder zurück (20 min); nach Norden im Linksbogen (500 m) und nach rechts 1 km entlang der Fuchslochlacke (Westufer). Entlang von Weingärten und durch Felder (links-rechts-links) 1,5 km zu Wegkreuzung, dort 700 m nach Norden zur Ochsenbrunnlacke. Dieser am Ostufer entlang (Feldweg, 10 min) und über den niedrigen Geländerücken zur Birnbaumlacke dahinter. Retour auf der selben Route oder über den Althof (Einkehr).
Dauer: Eine Richtung 2 Std.
Karte: freytag & berndt WK 013.
Anforderungen: Ebene Wander- und Wirtschaftswege. Länge 7 km eine Richtung.
Ausrüstung: Feldstecher, Trinkwasser, Fernrohr.
Günstigste Jahreszeit: März bis Juni, Herbst.
Einkehren: Althof westlich der Birnbaumlacke mit Reitstall.
Information: Nationalpark Info-Zentrum Illmitz.
Hinweise: Badeteich südlich der Neubruchlacke.

Im Sommer ist das Ufer der Lacken weiträumig trocken.

In manchen Jahren brüten zahlreiche Säbelschnäbler *(Recurvirostra avosetta)* an der Neubruch- und an der Birnbaumlacke, in anderen fast gar keine. Grundsätzlich findet man den Säbelschnäbler an unbewachsenen Kiesel- oder Sodaschlammufern in der Nähe von Salzsteppen. Bei der Nahrungssuche schwenkt er seinen gebogenen Schnabel im seichten Wasser durch die oberste Schlammschicht. Mit dieser Methode erwischt er vor allem Zuckmückenlarven und Salinenkrebschen.

Wieder zurück an der Abzweigung wenden wir uns nun nach links (Norden), folgen dem Ostufer der Neubruchlacke in einer Linkskurve und biegen bei der zweiten Abzweigung (beim Beginn der Weingärten) in den Wirtschaftsweg entlang dem Westufer der Fuchslochlacke ③. Am Ende der Weingärten nach 1 km müssen wir uns links halten bis zum nächsten Querweg und diesem nach rechts zur nur im Frühjahr überschwemmten Kleinen Neubruchlacke folgen. Für 500 m geht es dort in einer Linkskurve durch eine wenig ansprechende Agrarsteppe an einem Windschutzstreifen zu einer Wegkreuzung. Der Fahrweg von dort genau nach Norden endet nach 700 m bei der Ochsenbrunnlacke ④, die eine flache Mulde füllt.

Sie ist die salzigste Lacke des Seewinkels mit einer Salz- und Sodakonzentration von über 25 Promille (Meerwasser enthält 36 Pro-

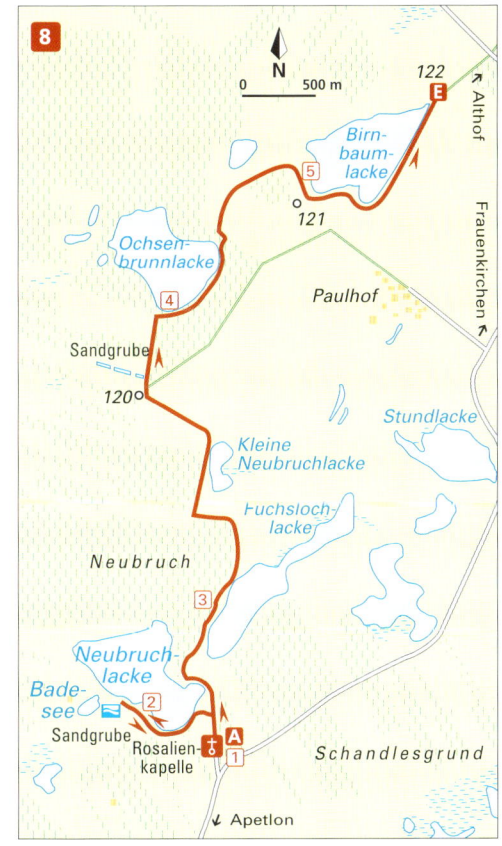

77

*Das Wiener
Nachtpfauenauge
(Saturnia pyri):*

*Insekt
des Jahres 2000*

Tier des Jahres zu werden ist ein eher zweifelhaftes Vergnügen. Denn dies bedeutet: Dieser Art geht es nicht so besonders gut. Das Wiener (oder Große) Nachtpfauenauge ist mit 14–18 cm Spannweite der größte Schmetterling Europas und fliegt im Mai. Die Raupen leben auf Obstbäumen, Schlehen oder Eschen, wechseln bei jeder Häutung ihre Farbe und kriechen im Herbst in poppigem Grün und Blau zu den Wurzeln der Bäume und Hecken, wo sie sich verpuppen und überwintern. Die Falter nehmen keine Nahrung auf, sondern zehren von den als Raupe reichlich angelegten Reserven.

mille Salz). Die Südostseite der Ochsenbrunnlacke ist eine der acht Stellen im Seewinkel, an denen die Südrussische Tarantel *(Lycosa singuriensis)* vorkommt. Die im ganzen eurasischen Steppengürtel verbreitete Wolfsspinne erreicht hier ihre westliche Verbreitungsgrenze. Sie lebt in selbst gegrabenen Erdröhren und geht nachts auf die Jagd. Die mit 4 cm Körperlänge größte Spinne Mitteleuropas verdankt ihre Popularität neben dem für Gliederfüßer imposanten Erscheinungsbild auch ihrem Mythos als angeblich gefährliche Giftspinne. Ihr Biss kann für Menschen zwar schmerzhaft sein, führt aber höchstens zu lokaler Schwellung.

Ein Feldweg bringt uns vom Ostufer der Ochsenbrunnlacke auf einen niedrigen Geländerücken (mit Schotterpiste) entlang ihrer Nordseite, von dem wir auf einem Feldweg in 10 min zwei oder drei Höhenmeter wieder hinuntergehen zur Birnbaumlacke ⑤. Mit kaum 30 cm Wassertiefe fällt sie immer als eine der ersten Lacken bereits im Juni trocken. Mit ihrer weiden- und pappelgesäumten Nordhälfte bietet sie einen ganz anderen Aspekt im sonst so steppenartigen Seewinkel, ähnlich den Wäldchen am Seedamm nahe dem Unterstinkersee. Die Ölweiden sind zwar eingebürgert und haben, da sie Salzboden vertragen, die Tendenz, ungebremst zu wuchern, vermitteln aber zumindest dem Betrachter einen Eindruck, wie es vor den Weinkulturen hier mit Wäldchen und Gebüsch zwischen den Lacken ausgesehen haben mag. Außerdem schätzen Neuntöter, Nachtigall und andere Kleinvögel das Buschwerk, und wo Baumgruppen stehen, nistet sogar der knallgelbe Pirol mit seiner schönen Stimme. *Oriolus oriulus* heißt er wissenschaftlich, was „der aus Gold gemachte" bedeutet.

In der Birnbaumlacke, aber auch in vielen anderen Lacken und Tümpeln des Seewinkels sowie der Marchauen in Niederösterreich gibt es eine Rarität, die **„Urzeitkrebse"**: Diese Zeitgenossen der Dinosaurier leben in austrocknenden Lacken und in „Sutten"

*Wiener
Nachtpfauenauge*

Feenkrebs.
Speziell mit den
Urzeitkrebsen befasst
sich der Ausstellungs-
katalog „Urzeitkrebse
Österreichs – lebende
Fossilien in kurzlebi-
gen Gewässern" von
E. Eder & W. Hödl.

(tieferliegende Bereiche, in denen sich Restwassertümpel bilden). Man fasst sie zur Gruppe der Kiemenfußkrebse *(Branchiopoden)* zusammen, deren beborstete Blattbeine Nahrungspartikelchen zum Mund transportieren sowie der Fortbewegung und der Atmung dienen. Am größten werden die im Schlamm nach Beute wühlenden Rückenschaler *(Notostraken)*, Triops kann samt seinen beiden Schwänzen 11 cm erreichen. Zarte Gebilde, 2 bis 3 cm groß und ganz ohne Panzer, sind die am Rücken schwimmenden Feenkrebse *(Anostraken)*, Verwandte der als Fischfutter beliebten Salinenkrebschen Artemia.

Die Evolution der Urzeitkrebse begann bereits vor 550 Millionen Jahren im Kambrium in einer Zeit ohne Fische. Diese wurden später zum enormen Fressfeind, daher konnten die Krebschen nur in Bereichen ohne Fische auf Dauer überleben – in astatischen Gewässern; also in Tümpeln, die den Rest des Jahres wieder austrocknen und im Winter auch zufrieren können. Für ihre Fortpflanzung haben die Krebse ein robustes Dauerei entwickelt, das unglaublichen Extremsituationen standhält: kochendes Wasser, jede Menge Minusgrade, Salzsäure, ätzende Laugen. Jeder andere Organismus hätte da schon längst das Zeitliche gesegnet. In der Natur sind daher das Austrocknen oder Einfrieren im Boden bzw. eine Watvogel-Darmpassage überhaupt kein Problem. Bildet sich ein Tümpel, so entwickeln sich nicht sofort alle Dauereier. Denn ginge das Wasser wieder zurück, bevor die Krebschen neue Eier legen können, wäre diese Population ausgestorben. Immer überdauert daher ein Rest der Eier weiter, obwohl der Tümpel voll Wasser ist.

Die Birnbaumlacke umrundet ein Feldweg, der am Süd- und Ostufer freie Sicht auf Ufergelände und Gewässer bietet. Zurück kehren wir am gleichen Weg oder in einem Bogen über den Althof (lohnende Einkehr) 20 min nordwestlich der Birnbaumlacke und die Straße Frauenkirchen-Apetlon.

Die Maulwurfsgrille (Gryllotalpa gryllotalpa)

Der Name von Wiedehopfs Lieblingsspeise stammt von ihren zu kräftigen Grabschaufeln ausgebauten Vorderbeinen. Damit legen die 5 cm großen Insekten in Trockenwiesen effizient weitläufige unterirdische Gänge an, in denen sie die meiste Zeit verbringen. Zur Fortpflanzungszeit in Mai und Juni kann man die selten gewordenen Tiere im Seewinkel aber regelmäßig sehen. Die Grillen sind Gemischtkost-Feinschmecker: Sie lieben Insektenlarven und Regenwürmer, garniert mit Salat aus zartem Pflanzengrün.

Vom Jungerberg zum Hackelsberg

Naturinseln im Weingarten

Info

Zwischen Jois und Winden sind dem Leithagebirge zwei Hügel vorgelagert, knapp 200 m hoch, die auf ihren Kuppen artenreiche Trockenrasen (Naturschutzgebiete) tragen. Ein guter Feldweg führt von Jois über die beiden Hügelkuppen und durch Weingärten nach Winden.

Anreise

Von der A4, Ausfahrt 43 (Neusiedl), 3 km auf der B50 in Richtung Eisenstadt nach Jois und dort zum östlichen Ortsende. Die beiden Hügel zwischen Jois und Winden grenzen südlich an die B50.

Im Gegensatz zu den benachbarten Trockenhängen (Thenauriegel, Donnerskirchen, Goldberg) mit Kalkboden bestehen die beiden Hügelkuppen von Junger- und Hackelsberg aus kristallinen Schiefergneisen und Phyllit. Das hat eine etwas unterschiedliche Pflanzenwelt zur Folge, denn Silikatboden trocknet nicht so leicht aus wie der wasserdurchlässige Kalk. Schon vor mehr als 100 Jahren kamen die Botaniker hierher auf Exkursion, heute ragen die Hügel wie kleine Inseln aus einem „Meer der Weinbergwüste". Selten ist die Bedrohtheit der Trockenrasenreste so gut zu sehen.

Wir beginnen unsere Wanderung bei der Abzweigung der östlichen Ortseinfahrt nach Jois von der B50 nahe einer kleinen Kapelle ①. Von der Ortszufahrt biegen dort zwei Fahrwege in die Weingärten am Hang des Jungerbergs ab. Der linke endet bald, nur der rechte führt auf den Hügel hinauf. Er zieht sich in einem Linksbogen durch die Weingärten, den wir auf einem gelb-rot markierten Pfad durch eine kleine Blumenwiese abschneiden (die Wiese liegt direkt unterhalb der Antenne auf dem bunkerartigen Wasserschloss). Der Fahrweg bringt uns dann in wenigen Minuten auf die Kuppe des Jungerbergs (217 m). Die Hügelkuppe ② ist mit Schwarzföhren und Robinien aufgeforstet (natürlich wären hier Flaumeichen), am Rand wächst die Bibernell-Rose *(Rosa pimpinellifolia)*, ein typischer pannonischer Trockenbusch.

Wanderroute

Rundweg: Ostrand von Jois – am Wasserschloss vorbei auf den Jungerberg (rot-gelb, 20 min) – Fahrweg abwärts und Wiesenweg aufwärts weiter zum Hackelsberg (20 min) – über den Hackelsberg nach Winden (20 min) – am Radweg B10 zurück nach Jois (1 Std.).
Dauer: 2 Std.
Karte: freytag & berndt WK 013.
Anforderungen: Leicht, Fahr- und Wanderwege (gelb-rot markiert). Länge 6 km.
Ausrüstung: Feldstecher, bequeme Schuhe.
Günstigste Jahreszeit: Frühjahr zur Blühzeit von Ende März bis Mitte Juni.
Einkehren: Jois und Winden sind bekannte Weinbaugemeinden.

*Weingärten
bei Jois am Fuße
des Leithagebirges.*

Das Naturschutzgebiet ③ ist eine sanft geneigte Walliser-Schwin-
gel-Wiese am Westhang der Kuppe, im Frühjahr sehr blütenreich
(siehe Hackelsberg). Der gelb-rot markierte Fahrweg führt am
Südrand des Schutzgebiets vorbei, windet sich 10 min durch Weingärten nach Südosten hinunter und bringt uns nun als Fußweg den
Osthang des Hackelsberg wieder rund 40 Höhenmeter hinauf auf
dessen flache, tafelbergartige Kuppe (200 m, Naturschutzgebiet). Der
Südabfall des Hügels zum See ist mit einem natürlichen Trocken-
buschwald aus Flaumeichen bewachsen, für Weideflächen war es
hier zu steil.

*Die violette Purpur-
Königskerze ist die
einzige nicht gelb
blühende Königskerze.*

Die Schwarze Küchenschelle bildet wie alle Küchenschellen nach der Blüte buschige Samenhaare.

Der Trockenrasen ④ bedeckt die ganze Kuppe sowie den Westhang und ist mit dem Buschwald am Südhang durch Saumgesellschaften verbunden. Dort stehen im Windschatten einzelner Büsche (wie Wolliger Schneeball, Bibernell-Rose, Purgier-Kreuzdorn und Weißdorn) Pracht-Königskerzen *(Verbascum speciosum)*, und dies ist der einzige Standort der Rapunzel-Glockenblume *(Campanula rapunculus)* im Burgenland. Auf der dünnen Bodenauflage der Trockenrasen leben Arten aus dem Mittelmeerraum und den Steppen Südosteuropas. Besonders viele Zwergschwertlilien und Große Küchenschellen, dagegen weniger Schwarze Küchenschellen als am Jungerberg. Zu Zypressen-Wolfsmilch und Traubenhyazinthen wie auf allen Trockenrasen gesellen sich Österreichische Schwarzwurz, mehrere Milchsternarten, Dillenius-Ehrenpreis, Trauer-Nachtviole und Steppen-Mannsschild. Die schattigere Nordseite des Hackelsbergs trocknet der ständig vom Leithagebirge herab pfeifende Fallwind

Schachbretter sind den ganzen Sommer auf sonnigen Wiesen häufig.

aus. Weniger blumenreich als der Rest des Hügels findet man hier Heide-Ginster sowie viele Moose und Flechten.

Um auf solch trockenen und heißen Standorten gedeihen zu können, haben die Pflanzen verschiedene Überlebensstrategien entwickelt, die sich an allen Trockenrasen Pannoniens gut beobachten lassen: Verbreitet ist die Ausbildung kleiner, nadelförmiger (Frühlings-Adonis) oder zerteilter Blätter (Küchenschellen, Blutroter Storchschnabel), deren geringe Oberfläche die Verdunstung vermindert. Weitere Möglichkeiten die Verdunstung einzuschränken sind Wachsüberzüge (Ruthenische Kugeldistel), eine dichte Behaarung (Küchenschellen), oder lange, dünne Rollblätter, die sich bei Trockenheit oberflächenverkleinernd einrollen (Schwarzwurz und die Federgräser). Eine andere Methode ist, Wasser zu speichern – in fleischigen Blättern oder in unterirdischen Speicherorganen. Andere setzen auf Geschwindigkeit: Im Frühjahr, wenn die oberen Bodenschichten noch feucht sind, schnell wachsen, blühen und fruchten. Den Sommer überdauern dann bloß die Samen.

Dass Trockenrasen zu den artenreichsten Lebensräumen überhaupt zählen, zeigen in erster Linie die Insekten. Allein 1080 Schmetterlingsarten sind für den Hackelsberg nachgewiesen, von denen dem Besucher natürlich die großen oder bunten auffallen: Segelfalter, Schwalbenschwanz, Schachbrett, Widderchen und mehrere Bläulingsarten. Ebenso wichtig sind Trockenrasen für Heuschrecken wie für deren Jäger: Krabbenspinnen, Zebraspinne und die Gottesanbeterin, die auch in Weingärten und an Hausmauern jagt. Lieblicher sind da die Nachtigallen *(Luscinia megarhynchos)*, von denen zahlreiche im Buschwald singen. Nachtigallen ziehen in der Nacht. Singt der Vogel nachts, so bedeutet das etwa: „hier gutes Nachtigallen-Biotop" und soll die Damenwelt anlocken. Gesang untertags heißt dagegen eher: „Hier ist mein Revier und unser Lebensraum ist voll besetzt. Weitere können wir nicht brauchen."

Unser Fußweg bringt uns den Westhang des Hackelsbergs hinunter und mündet an dessen Fuß in die Fahrwege aus den Weingärten. Wir wenden uns für ca. 200 m nach links bergab und biegen dann nach rechts in das Windener Weinkellerviertel mit den alten Erdkellern am Südostrand des Dorfs. Insgesamt hat sich in Winden noch recht gut das Ortsbild einer Weinbaugemeinde mit einigen Winzerhäusern erhalten. Zurück folgen wir dem Burgenlandradweg B10, der am Südrand von Winden vorbeiführt. Er bringt uns, vorbei an Weingärten, dem steilen Hackelsberg-Südosthang mit seinem Flaumeichen-Buschwald und noch mehr Weingärten in 2,5 km zurück nach Jois, wo wir nach links in einigen Minuten wieder die Kapelle bei der B50 erreichen.

Trauer-Nachtviole (Hesperis tristis)

Sie heißt auch „Traurige" Nachtviole und sieht genauso aus: Eine seltsam struppige Pflanze mit kleinen, fleisch- bis speifarbenen Kreuzblüten. Von den auf den Trockenrasen summenden Insekten wird das farblose Gewächs völlig ignoriert. Ihre Masche läuft nicht nach der Methode „bunte Farbe", sondern „toller Geruch". In der Nacht lockt ein betäubender Hyazinthduft fleißige Bestäuber an: Schwärmer senken im Schwirrflug ihre langen Rollrüssel zu den Nektardrüsen am Grund der Blüten. Als typisch pannonische Pflanze erreicht die Nachtviole in Ostösterreich die Westgrenze ihres bis in die Steppen des Urals reichenden Verbreitungsgebiets.

Der Thenauriegel

Teppich der Küchenschellen und Zwergschwertlilien

Der Thenauriegel trägt mit 50 Hektar einen der größten Trockenrasen des Burgenlandes. Täler und Hügelrücken gliedern das Naturschutzgebiet in verschiedene Biotoptypen. Hangaufwärts am Leithagebirge erstrecken sich mit Obstbäumen aufgelockerte Weingärten.

Anreise

Von Eisenstadt 20 km auf der B 50 Richtung Neusiedl, bzw. A4 Abfahrt Neusiedl und 9 km Richtung Eisenstadt. Das Schutzgebiet erstreckt sich Y-förmig von Osten nach Westen zwischen der B 50 und dem Kirschblütenradweg am Fuß des Leithagebirges. Der Zugang von der B 50 erfolgt neben dem Gasthof Fitzimayer und der Tennishalle am westlichen Ortsrand von Breitenbrunn.

Der Thenauriegel (auch „die Thenau") besteht aus marinen Kalken, die den Südfuß des Leithagebirges bedecken. Durch seine Gliederung in vier Täler, die sich nach unten (Osten) zu wie ein Y vereinen, und den drei plateauartigen Hügelrücken dazwischen ist er abwechslungsreich in verschiedene Biotoptypen unterteilt. Zwei Fahrwege und mehrere Fußwege über die Hügel ermöglichen es, durch sämtliche Lebensräume zu spazieren, ohne die Wege zu verlassen. Die Besonderheit am Thenauriegel sind mehrere natürliche Felssteppen an den steilen Hängen. Der Rest des Gebiets war ursprünglich von Eichen-Trockenwald bedeckt, der erst durch Beweidung verschwunden ist. Diese erfolgte über die Jahrtausende – die ältesten Siedlungen bei Donnerskirchen sind 7000 Jahre alt, und Haustiere waren bereits damals verbreitet.

Der Beginn unserer Route ist der 500 m südlich von Breitenbrunn neben der Auffahrt zu Tennisplatz (Parkgelegenheit) und Gasthof Fitzimayer von der B 50 nach Westen abzweigende Waldseitenweg (dort kein Parkplatz). Der Waldseitenweg führt als geschotterter Fahrweg am Südrand des Thenauriegels hinauf zu den Weingärten am Hang des Leithagebirges. Bereits nach wenigen Metern führt uns eine

Wanderroute

Rundweg: B50 – Waldseitenweg – ehemaliger Steinbruch – Trockenrasenhügel – Kirschblütenradweg – Breitenbrunner Steinbruch – Weingärten – Radweg – Waldseitenweg.
Dauer: 1,5 Std.
Karte: freytag & berndt WK 013.
Anforderungen: Leicht, Feld- und Wanderwege, Höhenunterschied 70 m, Länge 5 km.
Ausrüstung: Feldstecher, bequeme Schuhe.
Günstigste Jahreszeit: Ostern bis Oktober. Besonders schön zur Küchenschellen- und Schwertlilienblüte im zeitigen Frühjahr. Insektenreich ab Juni, etwas blüht immer bis in den Herbst.
Einkehren: Gasthof Fitzimayer (B50) und in Breitenbrunn.
Information: Tourismusverband 7091 Breitenbrunn, Eisenstädterstr. 16 (gibt auch Auskunft über den Stand der Frühjahrsblüte), 9–12, 13–17 Uhr, ℂ 02683/5054, Fax 2012, E-Mail: breitenbrunn-tourism@bnet.co.at; oder Gemeindeamt, ℂ 5213, Fax 220511.

Abzweigung nach rechts 20 Meter hinauf auf ein Plateau, das mit wärmeliebenden Sträuchern und Rasen bedeckt ist. Wiesen-Salbei, Ginsterblättriges Leinkraut und Labkraut blühen reichlich, im Juni scharenweise von Schachbrettfaltern besucht. Im August wächst hier eine Besonderheit, der Kamm-Wachtelweizen *(Melampyrum cristatum)*. Häufig dagegen ist das sparrige Feld-Mannstreu *(Eryngium campestre)*, das auf Distel „macht". Es gehört zu den Steppenrollern: Die dürren Pflanzen brechen ab und werden vom Wind über die Ebenen geblasen.

Vom oberen Ende des kleinen Plateaus kommen wir nach 10 min wieder auf den Waldseitenweg hinunter. Bei der nächsten Weggabelung verlassen wir den Waldseitenweg, nehmen den rechten Ast und folgen diesem Fahrweg ca. 400 m bis zum kleinen, ehemaligen Steinbruch rechts neben dem Weg. Auf den felsigen Standorten um den Steinbruch wachsen Heideginster, Österreichischer Tragant, Kugelblümchen und Sonnenröschen.

Durch den Steinbruch führt uns ein Zubringerweg in wenigen Schritten hinauf auf das Plateau des nördlichsten Hügelrückens. Den besonderen Reiz der steppenartigen Trockenrasen auf den Thenau-Hügeln machen im Frühling die ausgedehnten Küchenschellen- und Zwergschwertlilienbestände aus. Sie werden von den typischen Trockenrasenblumen begleitet. Aber selbst im Sommer blühen einige Arten, z. B. Gelbe Reseda, Zahntrost, Feinblatt-Lein, Felsennelke und der seltene Silberblatt-Salbei *(Salvia aethiopis)*, ein Steppenroller wie das Feld-Mannstreu.

Das stachelige Feld-Mannstreu sieht aus wie eine Distel, ist aber ein Doldenblütler.

Zwergschwertlilien gehören zu den reizvollsten Elementen pannonischer Trockenrasen und Felssteppen im Frühling.

Die gefinkelte Methode der Zwergschwertlilie

Die kurzstieligen Zwergschwertlilien oder Zwergiris *(Iris pumila)* stehen meist in Grüppchen mit gelb, weiß, hell- und dunkelviolett blühenden Exemplaren beisammen. Wie viele Blüten werden auch jene der Zwergiris von Insekten, vorzugsweise Hummeln, bestäubt, produzieren aber keinen Nektar als „Belohnung". Das frustrierte Insekt merkt sich aber nicht die Art, sondern nur die Blütenfarbe. Bei Violett gibt es nichts – also wird Gelb oder Weiß probiert und somit ist die Aufgabe der Pollenübertragung erfüllt.

Vom Plateau führt kein Weg weiter, wir müssen daher durch den Steinbruch wieder zurück und einige Minuten dem Fahrweg im Tal nach oben folgen. Dort breitet sich am Hang dichter Wald aus, denn die Täler im Thenauriegel haben durch Einschwemmungen von den Hängen guten Boden und wachsen zunehmend mit Gebüsch und Bäumen zu. Außer mit heimischen Eichen und Ulmen auch mit dem Problemfall Robinie *(Robinia pseudoacacia)*. Dieser „Amerikaner" gedeiht nämlich auf trockenen Standorten bestens, reichert aber durch eine Symbiose mit stickstoffbindenden Bakterien in seinen Wurzelknöllchen die Umgebung so mit Nitrat an, dass dort nur noch nährstoffliebende Arten aufkommen.

Sobald vom Fahrweg nach links ein Fußpfad abzweigt, gehen wir diesen auf die südlichen Hügelplateaus hinauf, die wie jenes nördlich des Tals mit Trockenrasen bedeckt sind. Diese sind immer insektenreich, am Thenauriegel besonders. Neben den Schachbrettfaltern fallen die rotgetupften Blutströpfchen und die Weißfleckwidderchen auf. Die pelzigen Wollschweber, Verwandte der Fliegen, „stehen" wie kleine Schwirrkugeln in der Luft vor den Blüten und tunken ihren langen Rüssel in den Nektar. Auffällig auf allen Trockenrasen sind auch die Blüten besuchenden Schwebfliegen. Mit ihrem schwarz-gelb gebänderten Hinterleib geben sich manche Arten dieser harmlosen Insekten als „gefährliche Wespe". Tarnen oder täuschen hilft beim Kampf ums Überleben. Riesig im Vergleich dazu sind die Holzbienen *(Xylocopa sp.)*, die mit über 2 cm Körperlänge die größten Bienenarten Europas sind. Die schwarz glänzenden Brummer haben als Biene zwar einen Stachel, sind aber nicht aggressiv. Im Frühjahr sammeln sie gerne den Pollen der Zwergschwertlilien, daher stoßen sie sich nicht am fehlenden Nektar.

Blutströpfchen
in roter Warntracht
streiten sich auf
einem Steppensalbei
um ein Weibchen.

Der Fußweg zieht sich sanft ansteigend 10 min den Hügelrücken entlang nach Nordwesten und mündet am oberen Ende des Naturschutzgebiets in den Kirschblütenradweg B12. Die Gebüsch- und Heckenstreifen am Rand des Schutzgebiets bieten Unterschlupf für Singvögel und Deckung für Wärme liebende Reptilien; Äskulapnattern sowie zahlreiche Smaragdeidechsen *(Lacerta viridis)*, die an den Hängen des Leithagebirges häufig vorkommen. Die Zauneidechse gibt es in dieser Region nur sehr selten – die beiden Arten scheinen sich als Konkurrenten auszuschließen.

Im Licht- und Schattenwechsel des Buschwerks lösen die an sich auffälligen Streifen der Wespenspinne die Körperform auf.

Am Radweg wenden wir uns nach rechts und spazieren, mit Blick auf die durch Obstbäume aufgelockerten Weingärten, 600 m auf der asphaltierten Strecke vorbei an einem Marterl und in einem Rechtsbogen leicht bergab bis zum dichtbewachsenen, ehemaligen Breitenbrunner Steinbruch. Besonders zur Baumblüte ist eine Runde durch die Weingärten schön. Dazu biegen wir 200 m westlich des Steinbruchs vom Radweg in den Fahrweg und folgen diesem 300 m hangaufwärts bis ein Weg nach links abzweigt. Wenn wir diesen nun hangparallel entlanggehen und bei Lust und Laune nach links abbiegen, sind wir nach einigen Metern wieder am Kirschblütenradweg.

Dort, wo wir aus dem Naturschutzgebiet auf den Radweg getroffen sind, biegen wir wieder ein und halten uns nun halbrechts auf dem südlichsten Hügelplateau. Der Wiesenpfad bringt uns so durch einen Gebüschstreifen und an einigen Weinreben vorbei hinunter zum Waldseitenweg, dem wir ca. 15 min nach Osten zu bis zu unserem Ausgangspunkt folgen. Den Weg begleiten üppige Hochstauden, der Rainfarn z. B. setzt dort mitten im Hochsommer gelbe Tupfen in die Landschaft und der Natternkopf blaue

Der Ruster (Osliper) Höhenzug

Vom Goldberg zum Römersteinbruch

Info

Am niedrigen Hügelrücken östlich des Neusiedler Sees liegt am Goldberg (224 m) ein kleines Naturschutzgebiet mit blumenreichen Frühlingstrockenrasen und Eichenwäldchen. Von dort führt uns die Wanderung den Hügelrücken entlang durch Weinberge zur Koglkapelle (224 m) und zum Römersteinbruch St. Margarethen, dessen Fossilienfunde im Steinbruchmuseum ausgestellt sind. Ein lohnender Abstecher: Rust mit dem Seevogelmuseum.

Anreise

Von Eisenstadt 7 km auf der B50 nach Osten bis Schützen, dort rechts über die Bahn Richtung Oslip. Der Goldberg liegt südöstlich von Schützen neben der Straße nach Oslip, der Römersteinbruch direkt an der Straße St. Margarethen – Rust.

Parallel zum Neusiedler See zieht an seiner Westseite ein etwa 100 m hoher, sanfter Hügelrücken von Schützen „am Gebirge" nach Süden bis nach Ungarn. Er ist aus den Ablagerungen eines miozänen Meeres aufgebaut, das als Überrest der einstigen Tethys vor 10–16 Millionen Jahren (im Badenien und Sarmat) das Mittelmeer mit dem Kaspischen verband. Die einst weit verbreiteten sekundären Trockenrasen (durch Rodung und Beweidung) zwischen dem Goldberg im Norden und dem Römersteinbruch im Süden sind zum Großteil durch Weingärten ersetzt worden, dazwischen ist Flaumeichenbuschwald eingesprengselt. Nur mehr die Hügelkuppen sind die Rückzugsgebiete bunter Trockenrasenblumen.

Am südöstlichen Ortsrand von Schützen gabelt sich bei einem Bildstöckl die Straße: Links nach Oggau, geradeaus in einen Güterweg, rechts nach St. Margarethen und ganz rechts in einen Wirtschaftsweg nach Südwesten. Auf diesem erreichen wir nach 1 km durch Weingärten das Kulturzentrum Cselleymühle mit einem tra-

Wanderroute

Wegstrecke: Von Schützen nach Süden eben zur Cselleymühle (15 min) – nach Osten 80 Höhenmeter auf den Goldberg (30 min) – von dort den Hügelrücken entlang nach Süden (40 min) – über die Landstraße und vorbei am Silberberg (20 min) – zur Kogelkapelle hinauf (15 min) und weiter zum Römersteinbruch (15 min). Zurück am selben Weg oder im Tal am Radweg St. Margarethen–Schützen.
Dauer: 2,5 Std (als Rundweg 4,5 Std).
Karte: freytag & berndt WK 013.
Anforderungen: Leicht, meist ebene, gute Feld- und Wirtschaftswege. Höhenunterschied vom Tal 80 m, am Hügelrücken nur sanfte Kuppen. Länge 7 km (als Rundweg 14 km).
Ausrüstung: Feldstecher, bequeme Schuhe, Trinkwasser.
Günstigste Jahreszeit: Zur Blühzeit von April bis Juni.
Einkehren: Taverne beim Römersteinbruch; das 1 km entfernte St. Margarethen ist bekannt für seine Weine.
Information: Römersteinbruch ✆ 02680/2188, 2207.
Hinweise: Eintritt Steinbruch und Fossiliensammlung 3 € (Kinder bis 18 Jahre 1,50 €)

ditionellen Tauben-
turm. Von der Mühle
wenden wir uns nach
Osten in Richtung
Goldberg, der nörd-
lichen (und mit
224 m höchsten)
Kuppe des Hügel-
rückens. Der Weg
dorthin mündet nach
500 m in die Land-
straße, auf der wir
einen kleinen Haken
nach links machen
müssen, bis gleich
wieder ein Fahrweg
nach rechts 400 m
weit den Abhang des
Goldbergs hinauf zu
einem Wasserschloss
② führt. Um den
„Gipfel" zu erreichen
biegen wir vor dem
Wasserschloss in den
Feldweg nach links
und steigen, sobald

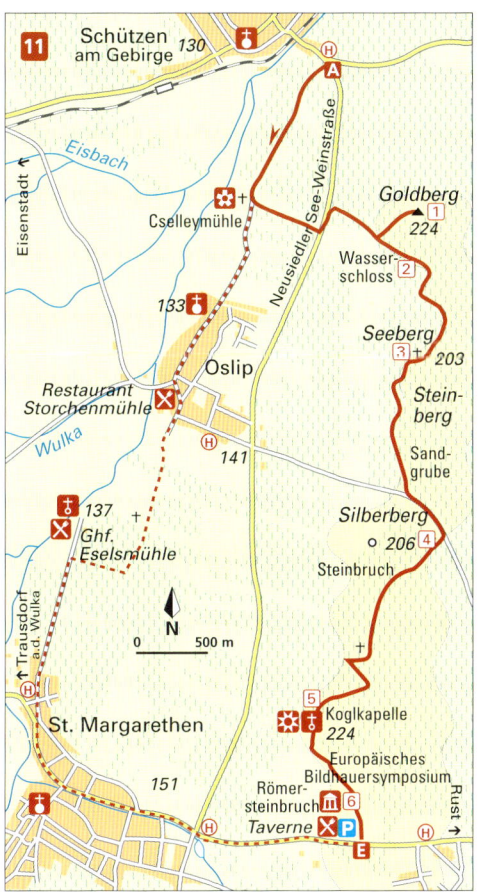

Der Römer-steinbruch

Der leicht zu behau-
ende Kalksandstein
des Miozänmeeres zog
bereits die Römer an,
die hier das Bauma-
terial für Carnuntum
gewannen; danach
die Wiener, die daraus
den Stephansdom,
viele der Ringstraßen-
paläste und manches
mehr bauten. So ent-
stand ein Riesenloch
im Hügel, einer der
größten Steinbrüche
Europas. Nebenpro-
dukt der emsigen Bau-
meister: Eine Vielzahl
an Fossilien tauchte
im Lauf der Zeit auf.
Einige stehen im
Landesmuseum in
Eisenstadt, der be-
eindruckende Rest
ist im Museum des
Souvenirladens, zu
dem sich der Stein-
bruch-Eingangsbereich
inzwischen entwickelt
hat, zu besichtigen.

nach ca. 200 m rechts frei ist neben dem Weingarten hinauf. Das
kleine Naturschutzgebiet auf der Kuppe des Goldbergs weist ein
Flaumeichen-Trockenbusch-Trockenrasen-Mosaik auf, was dementsprechenden Artenreichtum zur Folge hat. Am Hügelkamm ist ein
kleines Perna-Riff freigewittert, keine zwei Meter hoch und nur
wenige Meter lang, aber gut zu erkennen. Die Perna-Muschel gibt
es heute noch. Sie ist eine Mangrovenbewohnerin, was bedeutet,
dass das Meer vor 15 Millionen Jahren hier flach und tropisch warm
gewesen sein muss. Außerdem sind diese warmen Riff-Felsen im
Frühjahr eine gute Stelle, um Smaragdeidechsen *(Lacerta viridis)* in
der Abendsonne zu fotografieren. Die sonst so flinken Miniatur-
Saurier sitzen dann genussvoll da und halten so ruhig, dass man
ihnen regelrecht auf den Schwanz steigen könnte. Auf den Wiesen
wachsen reichlich Frühlings-Adonisröschen, dazu Salomonssiegel,
Zwergschwertlilie, Schmalblatt-Milchstern und Schwarze Küchenschelle. Am Waldsaum kommen Diptam, Blutroter Storchschnabel,
Bunte Flockenblume und Purpurblaue Rindszunge zum Vorschein.

Seevogelmuseum Rust

Wer einen Eindruck erhalten möchte was am Neusiedler See, im Seewinkel und im Schilf so kreucht und vor allem fleucht – im Seevogelmuseum ist alles zusammengetragen, von der Großtrappe bis zur Zwergdommel. Das Museum liegt am Beginn der Straße zum See.

Der Märchenwald

Etwa 1 km vom Steinbruch in Richtung Rust entfernt liegt in einem Wäldchen unübersehbar „Müllers Märchenwald" samt Wurstelprater-Rummelplatz. In Gehegen tummelt sich (mehr oder weniger) einheimisches Getier, vom Fasan über Ziegen bis zum Hirsch, das sich mit Maisfuttersäckchen von Kindern leicht locken lässt. Den Rundweg begleiten einige bekannte Märchenfiguren.

Um vom Goldberg nach Süden weiterzugehen, passieren wir nun das Wasserschloss Richtung Osten, wenden uns bei der nächsten Gelegenheit bei einem Bildstöckl nach Süden und folgen, vorbei am Seeberg (203 m) ③, diesem Feldweg der sich in minimalem Auf und Ab durch die Weingärten schlängelt für 1,5 km bis zur Landstraße Oslip – Rust. Auf dieser Straße 300 m nach Osten und nach rechts am geschotterten Radweg weiter, kommen wir am 206 m „hohen" Silberberg ④ vorbei und können von dort die Koglkapelle über dem Römersteinbruch bereits gut sehen. Nach 15 min biegt der Radweg in 180 m Höhe nach rechts hinunter. Dort halten wir uns geradeaus nach Süden und steigen zwischen den Weingärten 40 Meter zur Koglkapelle (224 m) hinauf.

Die gleichen Wiesenblumen wie am Goldberg blühen auch westlich des Gipfelkreuzes hinter der Koglkapelle ⑤, Von dort haben wir außerdem einen schönen Blick auf die grafischen Strukturen der Weingärten am Hang unterhalb in Richtung St. Margarethen. Von der Koglkapelle führt uns ein Wiesenweg durch eine flachgründige Felssteppe halblinks hinunter zum Parkplatz neben dem Römersteinruch ⑥. An geschützten Stellen gedeihen Heide-Ginster (ein niederliegendes Zwergsträuchlein) und Pannonischer Milchstern. Dominant ist ein gelbblauer Blütenteppich mit Herzblatt-Kugelblümchen (*Globularia punctata*, blau und eine ziemliche Rarität) und Sand-Fingerkraut (*Potentilla incana [P. arenaria]*, gelb und sehr häufig). Der obere Bereich des Steinbruchs ist von der größten Turmdohlenkolonie Österreichs bewohnt. Besonders zur Jungenaufzucht im Frühjahr herrscht dort ein unüberhörbarer Spektakel.

Im großen Steinbruch wurde der weiche Leithakalk fast 2000 Jahre lang abgebaut. Er stammt aus dem Miozänmeer, dessen Sand

Smaragdeidechse

Das Gift des Frühlings-Adonisröschens dient als Herzmittel.

Rust

Das kleine Städtchen ist kaum über seine Grenzen des 17. Jahrhunderts hinausgewachsen und rühmt sich (wie Marchegg) als „Stadt der Störche". Die klappern auch brav auf einigen Kaminen. Liebevoll hergerichtet ist das malerische Ruster Stadtzentrum mit seinen Bürgerhäusern und der turmlosen Fischerkirche, an der die Ruster von zirka 1100 bis 1550 an- und umbauten und die Innenwände bemalten. Vom Neusiedler See sieht man dagegen, wie sich das für einen Steppensee so gehört, gar nichts. Nur viel Schilf und Möwen.

und Bodenschlamm mit dem Produkt kalkabscheidender Algen (der Lythothamnien) zu Kalksandstein (Lythotaminkalk) verbuken. „Leithakalk" heißt er deshalb, da er auch den Fuß des Leithagebirges bedeckt. Heute ist das Loch eine Sehenswürdigkeit und der Leithakalk dient den Teilnehmern des europäischen Bildhauersymposiums zur Formung ihrer Skulpturen, die im und oberhalb des Steinbruchs in der Landschaft stehen. Zum Abschluss der Strecke lädt schließlich der Steinbruch zu einer Besichtigung.

Zurück kommen wir auf dem selben Weg oder unten im Tal durch die Weingärten, wo schon die uralte Bernsteinstraße durchführte. Dazu benützen wir am westlichen Ortsrand von St. Margarethen die Mühlgasse 1 km nach Norden (zum Gasthof Eselsmühle) und folgen dann dem Radweg nach Norden durch Oslip bis zur Cselleymühle.

Über dem Römersteinbruch St. Margarethen stehen Skulpturen im Trockenrasen.

Die Siegendorfer Puszta

Bergblumen im Tiefland

Info

Ein kleines Natur-
schutzgebiet bewahrt
Sand-Trockenrasen mit
einem buntem Vege-
tationsmosaik. Etwas
Ungewöhnliches sind
dort die Steinröserl-
Teppiche, die man
sonst eher im Gebirge
findet.

Anreise

Von der Ausfahrt
Eisenstadt-Süd 4 km
nach Süden bis
Siegendorf, dort links
Richtung St. Marga-
rethen. Nach dem
Ortsende nach Osten
abbiegen und 2 km
vorbei an den bronze-
zeitlichen Hügelgrä-
bern bis zum Ende
des Waldes und des
Asphalts (Parkplatz).
Links in die Hügel
hinunter liegt das
Schutzgebiet.

Zwischen dem Wulkabecken und Ödenburg (Sopron) bilden pannonische Kalksande ein sanftes Hügelgebiet. Lange Zeit beweidet,
sind die waldfreien Teile des Geländes nun zum Großteil als Äcker
genutzt. Nur auf stark geneigten oder unruhigen Restflächen, unge-
eignet für die landwirtschaftliche Intensivierung, blieb der „Weide-
zustand" erhalten. Auf den sandigen, trocken-heißen Hängen sind
das steppenartige Rasen mit einer reichen Blütenpracht im Frühjahr.
An einigen Stellen zwar stark verbuscht sind sie auf den Hügeln
des Naturschutzgebiets ziemlich gehölzfrei geblieben und bieten
auf kleinstem Raum viel Abwechslung.

Gleich beim Parkplatz am Ende der Zubringerstraße begrüßt uns
der Grenzschutz, der seit dem Schengen-Abkommen im angrenzenden Flaumeichenwald sein Buschquartier aufgeschlagen hat. Dort
lassen sich die geplagten „Vaterlandsverteidiger" nächtens von den
Mücken fressen und von den aus dem Wald zu den Maisäckern
hinauspreschenden Wildschweinen über den Haufen rennen. Die
Mücken schwirren aber nur im und nahe beim Wald an geschützten
Stellen; die offene Puszta ist ihnen zu heiß und zu windig.

Vom Parkplatz nach Norden führt ein Fahrweg in das Naturschutzgebiet hinunter. Bereits nach wenigen Metern zweigt von
diesem Fahrweg ein Pfad nach rechts ab. Er folgt den Hang entlang
durch eine Mulde ① voll mit Kleinem Knabenkraut *(Orchis morio)*
und vorbei an Polstern von rosa Flaum-Steinröserl (auch Heiderös-
chen oder Rosmarin-Seidelbast genannt) *(Daphne cneorum)*, eine
Rarität im Burgenland. Der mit dem Seidelbast verwandte Zwerg-

Wanderroute

Rundweg: Vom Parkplatz nach links eine Runde durch das
Naturschutzgebiet (20 min) und zurück – weiter auf den
Hügel und 1 km am Schotterweg nach Osten – nach links am
Waldrand entlang und rechts zur Heide (10 min) – zurück und
nach rechts zum Sommerhof – nach links und durch das
Naturschutzgebiet zurück (25 min).
Dauer: 1,5 Std.
Karte: freytag & berndt WK 013.
Anforderungen: Bequeme Spazier- und Wanderwege durch die
Hügel. Länge 5 km.
Ausrüstung: Mückenschutz, Trinkwasser.
Günstigste Jahreszeit: Zur Blühzeit im Frühjahr (April, Mai).

Das Naturschutzgebiet mit den Steinröserln.

strauch ist sonst z. B. in den trockenen Föhrenwäldern des Kalkalpen-Ostrandes zu finden. Vorbei an den Steinröserln gelangen wir in einem Rechtsbogen auf die nach Norden hinunter auslaufenden Hügel ②, auf denen je nach Lage zwei Lebensraumtypen zu erkennen sind:

Auf den sonnseitigen Hängen stehen Federgras und Furchen-Schwingel, deren abgestorbene Teile wie ein Strohmantel die Verdunstung vermindern. Geschützt zwischen den struppigen Gräsern lassen sich Wärme liebende Blumen und Kräuter blicken; z. B. Große Küchenschelle, Zwerg-Schwertlile, Gelber Lauch, Brand-Knabenkraut und Steppen-Wolfsmilch. Die nordseitigen Hänge sind vor der direkten Sonneneinstrahlung etwas ge-

schützter und daher nicht so trocken. Hier wachsen z. B. Frühlings-Adonisröschen, Purpur-Königskerze (die einzige violett blühende Königskerzenart) oder die zarte Ästige Graslilie; und während das meiste Gelände der Puszta im Juni schon steppig-braun wird, gibt es hier im Spätsommer noch die Goldschopf-Aster *(Aster linosyris)*.

Der Pfad bringt uns in wenigen Minuten die rund 20 Höhenmeter hinunter in die Ebene zum Fahrweg, der das Schutzgebiet quert. In einer Mulde nördlich des Wegs umgeben Seggen eine kleinen Weiher ③; nach Westen zu schließt ein feuchter Salzboden an, auf dem Salzliebhaber wie die Salz-Schwarzwurz (die man sonst im See-winkel findet), aber auch das Sumpf-Knabenkraut wachsen. Zurück zum Parkplatz führt der Fahrweg in einem Linksbogen hohlwegartig zwischen den Hügeln hinauf. Dort gibt es Reste offener Sandflächen (einer der seltensten Lebensräume Österreichs) mit Heide-Ginster, und Sandsteppen-Arten wie Sand-Strohblume und Sand-Lotwurz.

Graues Sonnenröschen, rechts Steinröserl.

Ziesellöcher sind im Gebiet zwar zu sehen, die scheuen Nager aber kaum. Für deren Beobachtung empfiehlt sich der Campingplatz von St. Andrä im Seewinkel (Top 10-Ziel Nr. 3). Häufig sind grüne Smaragdeidechsen, und wie auf Trockenrasen üblich entwickelt sich im späteren Frühjahr eine reiche Insektenwelt.

Da selbst bei reichlichem Staunen über die überraschende Artenfülle solch ein Rundgang durch das kleine Schutzgebiet nicht lange dauert, lohnt sich noch eine zweite, größere Runde. Dazu spazieren wir in Verlängerung der Zubringerstraße vom Parkplatz auf dem Schotterweg geradeaus nach Osten und steigen gleich nach links 20 m auf den Hügel, der das Schutzgebiet überragt. Dieser bietet an klaren Tagen einen Blick bis zu Schneeberg und Rax. Danach passieren wir auf dem Schotterweg 1 km lang die Weinhänge, die sich linkerhand vom Hügelrücken herunterziehen, biegen bei der ersten Weggabelung nach links und queren am Rand des Obersee-

Weißfleckwidderchen flattern gemächlich auf allen pannonischen Trockenrasen.

walds den Hügelrücken. Der Querweg auf der anderen Seite bringt uns in einem Abstecher nach rechts nach 500 m zur Siegendorfer Heide ⑤. Dieser ehemalige Trockenrasen hat kalkfreien und tieferen Boden als die Puszta-Sandhügel. Daher ist er mit Wacholderbüschen und dreierlei Eichen (Flaum-, Zerr- und Trauben-Eiche) zugewachsen; Heidekraut zeigt die kalkfreie, saure Bodenreaktion. Wieder zurück folgen wir diesem Weg, der 100 m weiter als etwas rumpliger, orange markierter Fahrweg nach rechts zum 500 m entfernten Sommerhof ⑥ 30 Höhenmeter tiefer unten biegt. Auf dessen Höhe treffen wir auf den Fahrweg aus dem Naturschutzgebiet (orange markiert), folgen diesem 15 min eben nach Westen und wie vorher durch den Hohlweg nach links 10 min hinauf zum Parkplatz zurück.

13

Rohrbacher (Marzer) Kogel und Teichwiesen

Feuchtgebiet und Trockenrasen

Der Rohrbacher Kogel (388 m) ist ein nur aus dem Westen steil aufragendes Riff aus Leithakalk am Ostrand des Mattersburger Beckens, umgeben von Sanden und Schotter des miozänen Sarmat-Meeres. Auf diesen Sedimenthängen ist ebenso wie am Fuß des Rosaliengebirges auf der anderen Seite des Beckens eine für heutige Verhältnisse reich strukturierte Kulturlandschaft erhalten geblieben.

Beim Blick vom Tennisplatz aus zum Kogel können wir bereits die Sandgruben und Trockenhänge der Südwestflanke ① erkennen. Vom Tennisplatz folgen wir eine Zeit lang dem asphaltierten Radweg nach Loipersbach (beschildert). Zunächst 700 m lang auf den Kogel zu bis zu einer Pappelgruppe, wo Radweg und wir nach rechts (Osten) abbiegen. Immer dem Radweg folgend, passieren wir sanft ansteigend die Südflanke und gelangen nach 15 min in einem Linksbogen auf die Südostseite des Kogels ②. Die Kulturlandschaft der Region besteht aus einer Mischung von Streuobstwiesen und Trockenrasen, die noch halbwegs extensiv genutzt werden – auch wenn sich die Weingärten samt Freizeithütten am Südhang des Kogels in den letzten Jahren massiv vermehrt haben. Dieses Felder-Wein-Obstbaum-Mosaik ist wichtig für die Vogelwelt: Als Besonderheit leben in der Mattersburger Region 70 Prozent der österreichischen Zwergohreulen *(Otus scops)*, die dem Mittelmeerbesucher durch ihr dort häufiges, monotones „püp" in der Nacht bekannt sind. Sie brüten vor allem in alten Edelkastanien-, Apfel- und Birnbäumen; ein Höhlenangebot, das unter der Kastanienpest leidet, denn die

Info

Der Rohrbacher Kogel (388 m), ein ehemaliges Riff, trägt an seinen Sonnenhängen besonders blumenreiche Trockenrasen (Naturschutzgebiet), umgeben von naturnahen Streuobstwiesen. Außerdem passieren wir auf unserem Weg das Naturschutzgebiet Teichwiesen, ehemalige, verlandende Karpfenteiche.

Anreise

Von Eisenstadt oder Wiener Neustadt nach Mattersburg, dort nach Marz, das südlich anschließt. Zum Bahnhof Marz-Rohrbach, wenige Meter südlich (beim Rechtsknick der Straße) durch die Bahnunterführung zum Tennisplatz (Parkgelegenheit).

Wanderroute

Rundweg: Vom Tennisplatz Marz zur Pappelgruppe – dort am Radweg nach rechts zu den Teichwiesen – auf den Kogel – Abstieg durch die Trockenrasen – Tennisplatz.
Dauer: 2 Std.
Karte: ÖK 50 Nr. 107
Anforderungen: Leicht. Asphaltierter Radweg, breiter Wanderweg, Pfad vom Gipfel wieder herunter. Höhenunterschied 150 m, Länge 5 km.
Ausrüstung: Feldstecher, Trinkwasser, feste Schuhe.
Günstigste Jahreszeit: Frühjahr bis Herbst. Blütenreich von April bis Ende Juni.

*Regungslos und grün
getarnt lauert
die Gottesanbeterin
auf Insekten.*

Der Acker-
Wachtelweizen

Ab Juni setzt dieser
aparte Halbschmarot-
zer bunte Tupfen in
den Rasen, wenn sich
die Deckblätter der
gelbroten Blüten rot
färben. Sein aus dem
Griechischen stam-
mender wissenschaft-
licher Name *Melam-
pyrum* bedeutet
„schwarzer Weizen",
da ihn einst der
griechische Arzt und
Botaniker Dioskurides
für ein Umwandlungs-
produkt des Weizens
in feuchten Jahren
gehalten hatte.

abgestorbenen Bäume müssen geschlägert werden. Außerdem
nützen diesen Lebensraum Neuntöter, Schwarzkehlchen, Ziegen-
melker, Wendehals, Wiedehopf (siehe Wanderung 4), Grünspecht,
Steinkauz und viele andere mehr.

Vom Radweg aus haben wir bereits Aussicht auf die Rohrbacher
Teichwiesen im Südosten ③. Diese sind ehemalige Karpfenteiche in
einer Mulde zwischen dem Kogel und dem Nachbarhügel (Wieserberg,
313 m), die sich selbst überlassen wurden. Gespeist von den Hang-
sickerwässern und durch einen Graben entwässert, begann das
Sumpfgebiet stark mit Schilf zuzuwachsen. Um die Verlandung zu
stoppen, wird nun seit 1993 das Röhricht im Winter geschnitten,
was die Wasservogelwelt bereits dankbar angenommen hat. Im Schilf
leben Rohrweihe, die seltene Bartmeise, sowie Teich-, Drossel- und
Sumpfrohrsänger. Neben dem Schilf wachsen noch einige Seggen
und der leuchtend rot blühende Blutweiderich; nach außen hin
bilden Feucht- und Mähwiesen den Übergang zu den Hängen. An
einer Gabelung biegt der Radweg nach rechts hinunter und führt uns
in 10 min zu einer relativ schilffreien Stelle der Teichwiesen, die Sicht
auf die Wasserfläche erlaubt.

Um den Kogel zu ersteigen, gehen wir wieder zurück und bei der
Gabelung nun geradeaus 10 min lang den Hang hinauf. Auf diesem
Wegabschnitt gibt es mehrmals einen schönen Blick hinunter auf die
Teichwiesen.

Beim Ende des Asphalts am Waldbeginn ④ gabelt sich der Weg.
Wir nehmen den linken Ast auf die Bergkuppe zu, kommen an einem
Weingarten vorbei, schwenken am Ende des Wegs nach rechts und
folgen dann dem breiten Weitwanderweg 907, der östlich des Gip-
fels bei erster Gelegenheit nach links bis zum Waldrand ⑤ führt. Der
die Nordseite des Rohrbacher Kogels bedeckende Draßburger Wald

ist entlang des Gipfelplateaus wie mit dem Lineal abgeschnitten. Von dort ziehen sich die Trockenrasen den West- und den steilen Südhang hinunter, durch ehemalige kleine Schottergruben gegliedert. Auffallend ist ihr Blütenreichtum; allein an Orchideen gibt es Helm- und Brandknabenkraut, Bienen- und Hummelragwurz, Mücken-Händelwurz und Braunrote Ständelwurz. Dazu gesellen sich pannonische Elemente aus dem Osten – z. B. Große Küchenschelle, Sand-Esparsette, Filz- und Steppen-Glockenblume, Gelber und Zottiger Lein. Eine Seltenheit ist der auf den roten Acker-Wachtelweizen im August folgende, gelbblühende Kamm-Wachtelweizen (der auch am Thenauriegel wächst). Im Spätsommer gibt es den Fransenenzian *(Gentianella ciliata)*, zum Abschluss blüht schließlich im Herbst die Berg-Aster *(Aster amellus)* violett.

Die Trockenflächen besiedeln viele Smaragdeidechsen. Eine häufige Heuschrecke ist im Juni die dicke Wanstschrecke *(Polysarcus denticauda)*. Das 4 cm große, knallgrüne Heupferd sieht aus, wie es heißt, und bewegt sich gar nicht heuhüpferartig, sondern recht gemächlich durchs lange Gras. Dass diese großen Tiere recht laut zirpen können, verwundert nicht. Fast ebenso viel Lärm macht aber auch ein viel kleineres, zartes Insekt, das Weinhähnchen *(Oecanthus pellucens)*. Dieses schätzt besonders die Verzahnung gebüschreicher Trockenrasen mit Weingärten wie hier und zirpt als Vertreter der Grillenfamilie wohltönend. Vom Gipfel ⑥ führt uns ein Pfad rechts vom Weg 907 in 20 min durch das steile Trockengelände hinunter auf den Radweg nahe der Pappelgruppe, von wo wir in 10 min wieder beim Tennisplatz zurück sind.

Sand-Esparsette

*Blick vom
Rohrbacher Kogel
auf die Teichwiesen.*

Im Serpentingebiet zwischen Bernstein und Redlschlag

Die Heimat des „Englischen Patienten"

Info

Die Region nördlich von Bernstein um Kienberg (805 m) und Steinstückl (833 m) ist der größte Serpentinstandort Österreichs. Der Rundweg führt durch dieses Serpentingebiet, in dem durch das Serpentingestein besondere ökologische Bedingungen mit einer seltenen Tier- und Pflanzenwelt herrschen.

Anreise

Von Eisenstadt oder Wr. Neustadt auf der S31 nach Süden bis Oberpullendorf und weiter auf der B50 25 km bis kurz vor Bernstein. Dort nach rechts Richtung Kirchschlag. Nach 1,5 km rechts Parkgelegenheit.

Das Bernsteiner Bergland ist der südöstliche Abschnitt der Buckligen Welt, einem typischen Kuppengebirge. Der Kienberg bei Bernstein erreicht 805 m, das Steinstückl nördlich davon 833 m. Nach Osten hin schließt sich der Rücken des Günser Gebirges an. Geologisch gehört die Region nördlich von Bernstein zum Rechnitzer Fenster (Wanderung 15), das hier aus Grünschiefer und Serpentinit besteht, dem größten Serpentinvorkommen Österreichs. Serpentinit ist ein graugrünes Gestein, das an mehreren Stellen im Rechnitzer Fenster zum Vorschein kommt und dessen Hauptbestandteil das Mineral Sepentin ist. Im Gestein eingeschlossen finden sich Linsen aus Chlorit, „Edelserpentin" genannt. Serpentin entsteht durch Umwandlung von Olivin (Peridot), einem häufigen Silikat des Erdmantels, und einem Verwandten, dem Augit (Pyroxen), unter Einwirkung von heißem Tiefenwasser am Ozeanboden. Der Name Serpentin (Schlangenstein) stammt von der einstigen Verwendung des Serpentinits gegen Schlangenbisse, zu der die Leute wegen der häufigen schlangenhautähnlichen Flecken im Gestein angeregt wurden. Heute verwendet man Serpentinit dagegen gerne als Eisenbahnschotter, weil auf dem Gestein nur sehr schwer Pflanzen aufkommen.

Wanderroute

Rundweg: Vom Parkplatz kurz abwärts und hangparallel auf grün markierten Wanderweg nach Redlschlag (1 Std.), dort hinter der Kapelle nach links am Hügelrücken zum Koglberg (15 min), zurück nach Redlschlag, auf der Landstraße nach Westen (10 min) und am Wanderweg über den Wenzelanger zurück nach Süden (3/4 Std.).
Dauer: 2,5 Std.
Karte: ÖK 50 Nr. 137 oder freytag & berndt WK 422.
Anforderungen: Leicht, bequeme Wanderwege ohne große Höhenunterschiede. Länge 8 km.
Ausrüstung: gute Schuhe, Trinkwasser.
Günstigste Jahreszeit: Frühjahr bis Spätsommer.
Hinweise: Information im Bernsteiner Felsenmuseum, Hauptplatz 5, ℂ 03354/6620.

14

Schöne Serpentinstücke liegen im Steinbruch Bienenhütte, wenige Meter oberhalb der B50 zwischen Bernstein und Lockenhaus. Er befindet sich, etwas von Bäumen verdeckt, bei der zweiten Rechtskurve östlich vom Bernsteiner Informationsstand.

200 m nördlich vom Steinbruch Böhm weist uns ein grüner Pfeil bei einer kleinen Parkfläche auf den Beginn des Wegs hin ①. Er führt als breiter, grün markierter Wanderweg 20 Höhenmeter bergab und dann nach links eben weiter. Nach 5 min überqueren wir den Pechgraben und folgen dem Weg durch lichten Föhrenwald, hangparallel in immer der gleichen Höhe. Zuerst 500 m nach Südwesten den Pechgraben entlang, dann nach einer Linkskurve nach Norden, bis wir nach ca.

30 min die ersten Häuser von Redlschlag erreichen. Unser Weg bezeichnet sich zwar als „Naturlehrpfad", verdient diesen Namen aber nicht, da es nur einige verblichene Allerweltsposter gibt, die nichts mit dem vom Serpentin geprägten Lebensraum hier zu tun haben.

Denn auf Böden, die über Serpentingesteinen entstehen, herrschen besondere Bedingungen: Das dunkle Gestein heizt sich in der Sonne rasch auf und trocknet durch seine Wasserdurchlässigkeit leicht aus. Dazu weisen Böden auf Serpentin einen hohen Anteil an giftigen Schwermetallen und Magnesium auf. Alles in allem sind das nicht die besten Voraussetzungen für üppigen Pflanzenwuchs,

Milchopal

Im Serpentingebiet nördlich von Bernstein kommen an mehreren Stellen weiße Milchopale vor. Am leichtesten waren sie im Pechgraben, gegenüber vom Steinbruch Böhm, zu finden – mit dem Ergebnis, dass Mineraliensammler die Fundstellen in eine Art „Bombentrichterlandschaft" verwandelt haben.

Der ehemalige Steinbruch Bienenhütte östlich von Bernstein.

99

Das Rote Waldvöglein ist eine auffällige Orchidee lichter Wälder.

Burg Bernstein

Die wuchtige Burg an der Hangkante (heute Schlosshotel) ist Sitz der Familie Almásy. Von hier stammt der Sohn eines erfolgreichen Asienforschers und Onkel der heutigen Burgherrin. Dieser Ladislaus war ebenso erfolgreich wie sein Vater: als Pilot, Afrikaforscher, Sportler und Offizier; er untersuchte u. a. die Felsmalereien im Tibesti (Schwimmer in der Wüste). Seit kurzem ist er auch allgemein bekannt – er war der „Englische Patient". Tatsächlich starb er aber erst 1951 in Salzburg an den Spätfolgen einer tropischen Amöbeninfektion.

was eine besondere Auslese zur Folge hat. Die dominierende Baumart in den Serpentingebieten ist die Rotföhre; die Wälder sind artenarm, viele der Pflanzen wachsen nur als Kümmerformen. Einige Gattungen haben jedoch Spezialisten hervorgebracht, die auf Serpentin eigene Arten bilden und nur noch auf solchen Böden vorkommen. Im lichten Föhrenwald finden sich einige dieser Serpentin-Spezialisten, wie Serpentin-Waldveilchen, Serpentin-Fingerkraut und Serpentin-Greiskraut. Aber auch Orchideen (die ja meist magere Standorte bevorzugen), wie das Rote Waldvöglein *(Cephalantera rubra)*, kommen mit den Bedingungen zurecht. Auffallend auf solch nährstoffarmem, saurem Boden sind die halbkugeligen Polster des Weißmooses *(Leucobryum glaucum)* entlang unseres Weges. Ab August setzen schließlich zahlreiche kleine Alpenveilchen *(Cyclamen purpurascens)* rote Tupfen in den Wald.

Die Blütenform des Alpenveilchens entsteht dadurch, dass bei Zyklamen die Blütenzipfel zurückgeschlagen sind.

Der „Lehrpfad" geht bei den ersten Häusern von Redlschlag in eine Zufahrt über ②, die uns in 5 min aus dem Wald heraus auf die Landstraße und nach rechts ins Zentrum von Redlschlag (690 m) bringt. Geradeaus in Richtung Kogl passieren wir die Ortskapelle und biegen 100 m hinter dieser nach links in einen Feldweg. Dieser bringt uns 800 m am Hügelrücken nach Norden bis zu dessen niedriger Kuppe, dem Koglberg (711 m). Links und rechts breiten sich Wiesen aus. An mageren Stellen blüht zum Frühlingsbeginn der Weiße Krokus, im Juni vor der Heuhmahd das Brand-Knabenkraut und im Spätsommer der Österreichische Kranzenzian. Vom Koglberg wieder zurück halten wir uns rechts und kommen nun westlich der Kapelle in Redlschlag an.

Für den Rückweg benützen wir zunächst die Straße von Redlschlag nach Westen ca. 50 Höhenmeter bergauf, im Norden begleitet von den Wiesen der Redlshöhe (794 m). Kurz vor der Mündung in die Landstraße Bernstein – Kirchschlag zweigt nach links der Wanderweg zum Wenzelanger ab, der sich nach wenigen Metern gabelt. Nach rechts steigt ein Pfad zum höchsten Gipfel der Region, dem Steinstückl (833 m) auf; geradeaus führt uns der Weg zuerst leicht abwärts, dann auf ebener Höhe hangparallel nach Süden und biegt nach 1 km, immer dem Hangverlauf folgend, gemächlich nach Westen. Dabei kommen wir am Wenzelanger ③ durch kleine Waldwiesen in den Föhrenhängen, auf denen viele Schmetterlingsarten und der schwarzgelbe Schmetterlingshaft leben. Neben viel Berglauch blüht dort der Große Fingerhut. Eine Besonderheit der Region sind die „Serpentin-Steppen" an steilen, flachgründigen Hängen, wo kein Wald mehr wachsen kann und sich natürliche Felsrasen gebildet haben. So eine „edaphische" (durch Bodeneigenschaften bedingte) Waldgrenze kann man sonst nur selten so deutlich sehen. Dort findet man z. B. die Serpentin-Karthäusernelke oder den Serpentin-Streifenfarn, der sich seinen Lebensraum „Felsspalte" mit Kurzhaar-Donarsbart und Großer Fetthenne teilt. Das Serpentin-Aschenkraut lebt als so genannter Endemit nur hier bei Bernstein und kommt sonst nirgends auf der Welt vor. Im Sommer fliegt in diesem Lebensraum der seltene und gefährdete Rostbinden-Samtfalter, der im Bereich Bernstein sein einziges Vorkommen in Österreich hat. Vom Wenzelanger erreichen wir in 10 min nach Westen die Landstraße nahe dem Wenzelanger Sattel und kommen auf der Straße nach 800 m in Richtung Bernstein zum Ausgangspunkt zurück.

Bernsteiner Edelserpentin

Das aus 620 m Höhe auf das Südburgenland herabblickende Bernstein ist Zentrum der Edelserpentinbearbeitung Europas. Einige Schleifereien stellen aus dem dunkelgrünschwarzen Gestein Kunstwerke (und allerlei Kitsch) her. Sehenswert ist das Felsenmuseum am Hauptplatz, das anhand von Modellen die Abbaumethoden des Serpentinits darstellt und seine Bearbeitung früher und heute zeigt. Dazu gibt es Mineralien aus den Bergen Österreichs zu sehen. Geöffnet März–Dezember 9–12, 13.30–17 Uhr (Sommer 9–18 Uhr), Eintritt 3,5 €.

Becher aus Edelserpentin.

Vom Geschriebenstein nach Rechnitz

Der höchste Gipfel des Burgenlandes

Info

Die Wanderung im Naturpark Geschriebenstein führt vom höchsten Gipfel des Burgenlandes den Hang des Günser Gebirges durch die Höhenstufen (Nadelmischwald – Buchenwald – Eichenwald) hinunter nach Rechnitz (Stausee mit Bademöglichkeit). Dort besteht Anschluss an den Rechnitzer Wein- und Jagdlehrpfad. Es ist möglich, eine große Rundwanderung mit Nr. 16 zu kombinieren.

Anreise

A2 Ausfahrt 111 Richtung Oberwart und weiter nach Osten (B63) bis Schachendorf. Dort 5 km nach Norden bis Rechnitz. Die Passhöhe liegt etwa in der Mitte zwischen Lockenhaus und Rechnitz und wird von der B 56 überquert. Busverbindung zwischen Lockenhaus und Rechnitz

Das Günser Gebirge, wie das Leithagebirge ein Ausläufer der Zentralalpen, ragt als Sporn etwa 20 km nach Osten und erreicht mit dem Geschriebenstein, dem höchsten Gipfel des Burgenlands, 884 m Höhe. Es wird vom geologischen Fenster der Rechnitzer Einheit aufgebaut. Diese gehört wie die Hohen Tauern zum Penninikum, sehr alten Gesteinen, die kilometertief unter den Rest der Alpen gedrückt wurden – an manchen Stellen durch die Bewegungen bei der Alpenauffaltung aber wieder weit nach oben kamen. Die dort dann relativ dünne Deckschicht wurde von der ständig aktiven Erosion abgetragen, sodass diese Erdkrustenteile nun in geologisch fremder Umgebung an der Oberfläche zu sehen sind. Man blickt wie durch ein „Fenster" auf die normalerweise verdeckten Gesteinseinheiten. Aufgebaut ist dieses „Rechnitzer Fenster" vor allem aus ehemaligen Meeressedimenten, die in der Tiefe unter hohem Druck und Hitze zu

Wanderroute

Wegstrecke: Von der Passhöhe (Gasthaus Waldhof) auf sanft ansteigendem Schotterweg nach Osten zum Geschriebenstein (30 min); von dort nach Süden dem Wanderweg 07 bergab folgen (1 Std) und in weitem Rechtsbogen das Faludital nach Südwesten bis zum Stausee hinunter (Fahrweg, $1/2$ Std, Bademöglichkeit); 10 min nach Rechnitz.
Dauer: 2,5–3 Std.
Karte: WK Naturpark Geschriebenstein 1:40.000 (Schubert & Franzke) oder freytag & berndt WK 422.
Anforderungen:. Leicht, auf bequemen Wanderwegen (rot-gelb markiert) 9 km meist eben und abwärts.
Ausrüstung: Gute Schuhe, Trinkwasser.
Günstigste Jahreszeit: Vom Frühjahr bis zum Herbst.
Einkehren: Gasthof Waldhof auf der Passhöhe; Freischwimmbad am Stausee Rechnitz.
Information: Naturparkbüro 7442 Lockenhaus, Hauptstr. 13, ✆ 02616/2800, E-Mail: geschriebenstein@utanet.at und Naturparkbüro 7471 Rechnitz (siehe Wanderung 16).
Hinweise: *Nacht der Falter* bei Rechnitz im Sommer. *Lehrpfad:* Wein- und Jagdlehrpfad im „Weingebirge", den Hängen nordöstlich von Rechnitz.

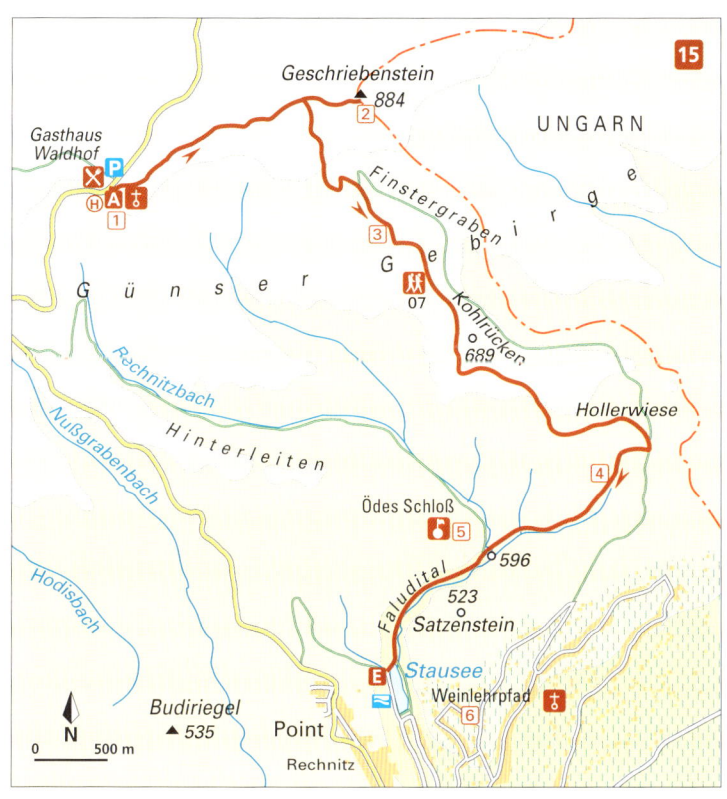

Schiefer verfestigt und umgewandelt wurden. Je nach Ausgangsmaterial gibt es Kalk-, Quarz-, Graphit- oder Chloritschiefer und Phyllite, die den Großteil des Raums zwischen Rechnitz und Lockenhaus ausmachen. Phyllite sind feinkörnige Schiefer aus Sand, Ton und Karbonaten. Sie sind nicht so stark umgewandelt und gleichen daher bis auf ihre deutliche Schieferung den ursprünglichen Sedimenten. Im südwestlichen Teil des Fensters sind die Phyllite kalkreicher, im nordöstlichen enthalten sie mehr Quarz.

Von der B56 Lockenhaus-Rechnitz zweigt auf der Passhöhe beim Wirtshaus Waldhof (Parkplatz, Bushaltestelle) ① ein Forstweg nach Osten zur Aussichtswarte auf dem Geschriebenstein ab (Hinweisschild). Er führt 2 km sanft ansteigend den breiten Gipfelkamm entlang (Weg 07, rot-gelb markiert). Entlang des Weges sollen neun verschiedene Gesteinstypen samt Hinweisen zu ihrer Verbreitung im Gebiet aufgestellt werden. Wir durchqueren im Wesentlichen Fichtenwald, die Waldgebiete des Günser Gebirges sind ein bedeutender Wirtschaftsfaktor in der Region. Den Gipfel des Geschriebensteins (884 m) krönt ein Aussichtsturm ② direkt an der Ungarischen Grenze; freien Blick hat man inzwischen jedoch nur mehr nach Osten und etwas nach Norden.

Der Schwarzgefleckte Bläuling, typisch für trockenen Rasen.

Grünschiefer

Grünschiefer werden durch die Minerale Chlorit und Epidot grün gefärbt. Die Ausgangsmaterialien der Rechnitzer Grünschiefer waren Ozeanbodengesteine, Tuffe und Laven. Wegen ihrer natürlichen Farbe benützte man Grünschiefer früher gerne als Baumaterial für Kirchen oder Burgen und verwendet sie bis heute als Schmucksteine in Bauwerken.

Die Pimpernuss wächst in sonnigen, trockenen Wäldern bevorzugt auf Kalk. Ihre aufgeblähten Früchte enthalten 2–3 nüsschenartige, essbare Samen.

300 m westlich der Aussichtwarte führt uns der nach Süden abzweigende Weitwanderweg (07 rot-gelb) 7 km nach Rechnitz hinunter. Auffallend sind ab Juni die Massenvorkommen des rot und weiß bühenden Purpur-Fingerhuts *(Digitalis purpurea)* auf allen Waldschlägen und Lichtungen. Die prächtige Pflanze stammt aus Westeuropa, ist am Geschriebenstein weiträumig verwildert und fühlt sich hier sichtlich wohl. Die Verbindung zu den Alpen zeigt sich in alpinen Pflanzen, die bis hierher vorstoßen können: Wolfs-Eisenhut, Weißer Germer und Roter Holunder.

Etwas tiefer unten wird der Nadelforst durch Laubwald abgelöst, vornehmlich von Rotbuchen, was kaum Unterwuchs und freie Sicht bedeutet (Rotbuchenwälder lassen nur wenig Licht bis zum Boden durch). Nur unter anderen Bäumen (Bergahorn, Birke, Vogelbeere) und auf Lichtungen wachsen Gebüsch und Kräuter (etwa Wald-Glockenblume und Quirlblättrige Zahnwurz). In Waldgebieten lassen üblicherweise mehrere Spechtarten ihr Klopfen hören – um den Geschriebenstein leben der Schwarzspecht und der in Osteuropa beheimatete Weißrückenspecht *(Dendrocopos leucotos)*; Grau- und Buntspecht besiedeln auch das umgebende Kuturland. Auf den Baumstämmen klettert der Kleiber und in lichten Eichenwäldchen flötet der leuchtend gelbe Pirol *(Oriolus oriolus)*. Bei reichlichem Suchen kann man vielleicht einen der schönen Bockkäfer entdecken (Eichenbock und Purpurbock kommen hier vor), während die Hirschkäfer *(Lucanus cervus)* abends durch die Eichenbestände brummen.

Unser Wanderweg bergab wird von einer verwirrenden Anzahl an Forstwegen gequert; die Wanderkarte hat hier mit der Realität nicht

viel gemein. Durch die gelbrote Markierung (manchmal erst einige Meter hinter der Abzweigung) ist die Orientierung aber problemlos. Zu beachten ist nur die Gabelung 1 km nach dem Beginn des Abstiegs ③. Links steht eine Raufe für die Rehfütterung und dort zweigt nach links der Weg in den Finstergraben ab. Gleich wenige Meter weiter gibt es bei einem Schuppen die nächste Gabelung, dort gehen wir rechterhand eben und sogar leicht aufwärts der rechten Flanke des Kohlrückens (689 m) entlang durch einen Rotbuchen-Föhren-Mischwald weiter. Ein weiter Linksbogen bringt uns sanft bergab auf die Südseite des Kohlrückens; dort ist es wärmer und trockener, daher wachsen statt der Buchen Eichen.

Unten angekommen, mündet von links oben der Weg aus dem Finstergraben wieder ein und scharf rechts spazieren wir hinter dem Rücken des Weingebirges entlang eines Bächleins durch das Faludital ④, das nach dem Dichter und Jesuiten Franz Faludi benannt ist, der 1773–1779 in Rechnitz lebte. Die Hänge des Faluditals sind mit Laubwäldern, unter anderem Edelkastanien, bewachsen. Auf dem Bergsporn nördlich des Faluditals liegen die Ruinenreste des „Öden Schlosses" ⑤, mit einer gut sichtbaren geologischen Verwerfung in der Kurve darunter. Südlich des Faluditals erreicht das Weingebirge mit dem Satzenstein 523 m Höhe. Auch auf dessen Kuppe sind im Felsen die Faltenstrukturen des Phyllits erkennbar. Das Faludital bringt uns zum kleinen Rechnitzer Stausee, dessen Badeanstalt an heißen Tagen zu einer Abkühlung einlädt. Vom Stausee führt die Straße in wenigen Minuten nach Rechnitz.

Variante: Auf der Südseite des Satzensteins führen zwei kleine Lehrpfade durch das Weingebirge ⑥. Der Weinlehrpfad stellt die Tradition des Weinbaus in Rechnitz dar. Oberhalb der Weingärten stellt der Jagdlehrpfad den Wald als Lebensraum und Revier vor.

Geologisches Fenster

Unter einem geologischen Fenster versteht man das Auftauchen des Grundgebirges, das im Zuge der Alpenfaltung von anderen Gesteinsdecken normalerweise überschoben worden ist. Sind diese abgetragen, so kommt das ursprüngliche Grundgebirge wieder zum Vorschein.

Der goldgelbe Pirol bewohnt Laubwälder und flötet melodisch. Nach seinem französischen Namen Loriot hat sich ein bekannter Humorist benannt.

Am Galgenberg bei Rechnitz

Bei der Nacht der Falter

Info

Den Galgenberg, ein 40 m hoher Hügel am Fuß des Budiriegels (535 m) westlich von Rechnitz bedecken die mit neun Hektar größten Trockenrasen des Südburgenlands mit vielen Blumen- und Schmetterlings- arten. Vom Hügel wandern wir hinter dem Budiriegel zur Passhöhe (802 m) hinauf (mit Anschluss an Wanderung 15).

Anreise

A2 Ausfahrt 111 Rich- tung Oberwart und weiter nach Osten (B63) bis Schachen- dorf. Dort 5 km nach Norden bis Rechnitz. Das Schutzgebiet grenzt direkt an die Straße von Rechnitz nach Neuhodis, 1 km westlich von Rechnitz (Parkgelegenheit).

Neben der kleinen Parkfläche am Fuß des Galgenbergs zeigt eine Tafel den Beginn des Naturschutzgebietes an. Die Trockenrasen des Galgenbergs sind trotz ihrer südexponierten und daher warm-trocke- nen Lage zum Großteil sekundär entstanden (das heißt durch Rodung und Beweidung), können sich auf der dünnen Bodenschicht aber halbwegs halten, wenn sich auch durch die nun fehlende Beweidung Wärme liebendes Gebüsch (Weiß- und Schlehdorn, Heckenrosen) ausbreitet und Rotföhren von den umgebenden Aufforstungen ein- wandern. Durch abrinnendes Regenwasser sammelt sich am Hang- fuß ① mehr feine Erde an und der Boden reagiert basisch, auf den Kuppen ist er dagegen sauer, was zu einem unterschiedlichen Bewuchs zwischen unten und oben führt. Im tieferen Boden am Hangfuß haben schnellwüchsige Gräser seit dem Ende der Beweidung die Oberhand gewonnen.

An der Naturschutztafel vorbei führt uns ein Weg durch die Trockenrasen im Halbrund den Hügel hinauf bis auf die Kuppe

Wanderroute

Wegstrecke: Durch das Naturschutzgebiet auf den Galgenberg (15 min), nach Nordwesten bis zum Steinbruch (30 min), nach rechts den Hodisbach entlang (30 min) dann durch den Nussgraben den Berghang aufwärts (45 min) bis zur Straße. Auf dieser 20 min zur Passhöhe.
Dauer: 2,5 Std.
Karte: WK Naturpark Geschriebenstein 1:40.000 (Schubert & Franzke) oder freytag & berndt WK 422.
Anforderungen: Leicht, bequeme Forst- und Wanderwege, zu- letzt ein Straßenstück. Höhenunterschied 480 m, Länge 6 km.
Ausrüstung: Trinkwasser, gute Schuhe.
Günstigste Jahreszeit: Hauptblühzeit im Frühling (April, Mai), Schmetterlinge im Frühjahr und im Sommer.
Einkehren: Gasthaus Waldhof auf der Passhöhe.
Information: Naturparkbüro 7471 Rechnitz, Bahnhofstr. 2a, Mo–Fr 9–12, Sa 8–11 Uhr, ✆ 03363/79143, Fax 79183, E-Mail: naturpark.rechnitz@netway at.
Hinweise: *Nacht der Falter* im Juli oder August, *Marillenfest* Mitte Juli, *Marillenwanderung* zur Marillenblüte im April.

Die UV-Lampen hinter dem Leintuch haben in der Nacht der Falter eine „Spanische Flagge" angelockt.

(15 min). Am Hang ② des Galgenbergs blühen von April bis in den Juni zahlreiche Pflanzen. Zu den ersten im Jahr gehört die Große Küchenschelle, die in warmen Jahren den Besucher schon Ende März mit ihren pelzigen, blauen Glocken erfreut. Es folgen typische Besiedler der pannonischen Trockenrasen, z. B. Schwarze Küchenschelle, Kleines Knabenkraut, Kleine und Schopfige Traubenhyazinthe, Pannonischer Milchstern und Karthäuser-Nelke. Bis in den Sommer blühen dann Ästige (Kleine) Graslilie, Gewöhnlicher Natternkopf, Berglauch (ungewöhnlich in solch tiefen Lagen), Dorn-Hauhechel und das stachelige Feld-Mannstreu. Selbst im Spätsommer gibt es Farbtupfer im von der Hitze braun gebrannten Gras: Goldschopf-Aster, Ähren-Blauweiderich, Herbst Zahntrost und zuletzt die Besenheide.

Naturschutzgebiet ist der Galgenberg aber nicht nur wegen der Pflanzen, sondern vor allem wegen seines Schmetterlingsreichtums mit 520 Arten am Trockenrasen und 400 weiteren in der Umgebung. Bereits im Frühling „segelt" der seinem Namen im Flugbild entsprechende, große Segelfalter *(Iphiclides podalirius)* über die Wiesen. Wie der Schwalbenschwanz oder der Kleine Perlmutterfalter

Der Japanische Seidenspinner (Antharea jamamai)

Dieser große Nachtfalter mit 15 cm Spannweite stammt aus Ostasien. Wie den Echten Seidenspinner (der auf Maulbeerbäumen lebt) hat man ihn im 19. Jh. zur Seidengewinnung eingeführt. Da seine Raupen Eiche, Nussbaum und mancherlei anderes fressen, ist er leicht bei uns zu halten; wo ihm auch das Klima passt, kann er problemlos wild überleben – von Graz bis ins Burgenland und nach Friaul.

Rechnitz

Der Marktflecken Rechnitz (ca. 3500 Einwohner) am Fuß des Geschriebensteins ist für seine Marillenproduktion bekannt, von denen mehrere Sorten angebaut werden. Zur Reifezeit werden überall im Ort Marillen verkauft und das Marillenfest Mitte Juli präsentiert Produkte rund um die Marille, vom Marillenkuchen bis zum Marillenschnaps.

bildet er bis zum September zwei Generationen. In den milden Sommernächten findet man Kleinen Weinschwärmer, Spanische Flagge, Ordensbänder und den Japanischen Seidenspinner. Besonders reichlich zu beobachten sind die Schmetterlinge, wenn in der „Nacht der Falter" mit UV-Zelten geleuchtet wird. Die Wärme liebende Spanische Flagge *(Panaxia quadripunctaria)* – auch Russischer Bär genannt – ist ein Vertreter der Bärspinner; diese Nachtfalter sind an kühleren Stellen auch tagsüber zu sehen. Die giftige Zypressenwolfsmilch (siehe Top 10-Ziel Nr. 5) wird von Juli bis September von der knallbunten Raupe des Wolfsmilchschwärmers *(Celerio euphorbiae)* geschätzt. Die Puppen überwintern und ab Mai schwirren abends die hübschen Falter los. Diese Artenfülle am Galgenberg kann nur erhalten bleiben, wenn die Ansprüche der Schmetterlinge erfüllt werden. Falls z. B. die abgestorbenen Pflanzen nicht entfernt werden, können lichtbedürftige Pflanzen nicht mehr wachsen. Die einwandernden Büsche blühen zwar hübsch im Frühjahr, doch verändert eine Verbuschung den Lebensraum völlig.

So laut wie die Schmetterlinge bunt sind, sind zwei andere Insektengruppen, Grillen und Heuschrecken. Neben der bekannten Feldgrille zirpt an den Rechnitzer Sommerabenden auch das Weinhähnchen *(Oecanthus pellucens)*, eine kleine Grillenart gebüschreicher Trockenrasen. Eine Rarität ist der gelb-schwarze Östliche Schmetterlingshaft *(Libelloides macaronius)*, ein Insekt aus dem Mittelmeerraum, das einem Schmetterling nur ähnelt. Die Hafte sind Netzflügler, verwandt mit den Florfliegen und Ameisenjungfern. Die auf pannonischen Trockenrasen häufigen Arten fehlen auch hier nicht: Im Gebüsch klettert die Steppen-Sattelschrecke, webt die Wespen-(Zebra-) Spinne ihr Radnetz und im Gras lauert die Gottesanbeterin auf eine Mahlzeit.

Oben auf der Kuppe ③ (352 m) ist der Boden durch die Nadeln der vom Föhrenwald eingewanderten Besenheide stark sauer, ein Lebensraum von Moosen und Rentierflechten. Dazwischen blühen z. B. Rundblättrige Glockenblume, Sandglöckchen, oder das seltene Katzenpfötchen. Von der Kuppe des Galgenbergs bringt uns der Wanderweg hinein in den Föhrenwald. Bei der nächsten Weggabelung ④ müssen wir uns halbrechts nach Norden halten dann erreichen wir nach etwa 500 m auf dem Waldweg und 500 m weiter auf einer staubigen Piste den Steinbruch ⑤ in 400 m Höhe.

Um die Passhöhe zu erreichen, folgen wir vom Steinbruch aus dem Hodisbach 1 km lang nach rechts gemächlich aufwärts (Richtung Nordost), vorbei hinter dem Budiriegel (535 m). Wo der Bach nach Norden biegt und sich mehrere Wege treffen, gehen wir ca. 200 m nach Osten und stoßen nun auf einen breiten Forstweg. Dieser führt nach links eine Stunde durch den Wald hinauf bis zur B56 knapp unterhalb der Passhöhe. Zu Beginn lockern einige Wiesen den Wald auf ⑥, dort befinden sich die Überreste des alten Asbestwerks. Dieses für viele Zwecke nützliche Verwitterungsprodukt des Serpentinits hatte man hier einst ohne sonderliche Vorsichtsmaßnahmen abgebaut, was wegen der feinen Asbestfasern für die Bergleute auf Dauer nicht bekömmlich war. Schöner als am Forstweg ist es, bei der ersten Gelegenheit ein paar Meter nach rechts in den Nussgraben hinabzusteigen und knapp über dem Nussgrabenbach parallel zum Forstweg hinaufzugehen ⑦. Beide Wege münden beim Forsthaus (680 m) in einer Serpentine der Bundesstraße. Von dort sind es noch 20 min die Straße entlang bis zum Wirtshaus Waldhof auf dem Pass (802 m) mit Busstation bzw. der Anschlussmöglichkeit an die Wanderung Nr. 15 wieder nach Rechnitz hinunter.

Bild Seite 108:
Die Raupe des Wolfsmilchschwärmers trägt das für Schwärmer typische „Dackelschwänzchen".

Die Mühlen

Früher standen in der Region zahlreiche Mühlen, die im Laufe der Zeit aufgegeben wurden; zwei von ihnen sind wieder restauriert: mit Radkammer, Wasserrad und den alten Mahlanlagen. In Rechnitz unterhalb des Badesees im Faludital die Fleckmühle von 1624. Information bei Fam. Taschek, Haydng. 9, ℰ 03363/79456. Im benachbarten Markt-Neuhodis am nordöstlichen Ortsrand die Wallnermühle von 1783; ein oder zweimal in der Woche wird dort auf traditionelle Weise Brot gebacken. Geöffnet Di–So 10–12 und 14–16 (17) Uhr, Info ℰ 0664/5057879 und am Gemeindeamt (03363/79342).

Die Dornige Hauhechel blüht im Sommer auf trockenen Weiderasen.

Lafnitz- und Stögersbach-Auen

Wo die Lafnitz noch mäandern darf

Info

Bei Wolfau ist der unregulierte, frei mäandernde Lauf der Lafnitz von der Stögersbachmündung ca. 4 km flussaufwärts erhalten geblieben, eine große Seltenheit in Mitteleuropa. Ein Rundweg führt entlang der Schlingen von Lafnitz und Stögersbach und erlaubt vielfache Einblicke in ein naturnahes Ausystem.

Anreise

A4 Ausfahrt 111 Richtung Oberwart, nach 2 km rechts und 3 km nach Wolfau. Bei der Linkskurve vor dem Dorf (Hinweistafel) geradeaus weiter zum Naturschutzgebiet (Parkplatz).

Von der Übersichtstafel und der Brücke über den Stögersbach haben wir bereits freien Blick über den Talboden zwischen dem Stögersbach und der Lafnitz, das „Mitterfeld" – weitläufige, weiter im Süden von mehreren Augerinnen durchzogene Wiesen mit Feldgehölzen und kleinen Baumgruppen. Diese Mischung ergibt einen gut strukturierten Lebensraum für Vögel wie Baumfalke, Wachtel, Schlagschwirl oder Braunkehlchen. Der Weißstorch ist im Burgenland ja öfter zu sehen, aber manchmal kommen auch Schwarzstörche hier vorbei, ebenso Pirol und Wiedehopf.

Der Rundweg führt uns als teilweise geschotterter, breiter Feldweg von der Brücke geradeaus nach Süden durch die Wiesen, auf denen vom Mai bis in den Sommer u. a. Kleiner Klappertopf und Wiesen-Glockenblumen wachsen. Nach 15 min bietet eine Brücke zur Linken einen Blick auf die tief eingesenkten Bachschlingen. Wird der Boden des Mitterfelds nun durch die Augerinne nach Süden zu feuchter, blühen im Frühjahr Breitblättriges Knabenkraut und Gilbweiderich; später Beinwell, Blutweiderich und im Sommer Engelwurz. Schließlich endet der Weg 15 min später in Sumpf-Schwertlilien-Beständen ②, wo der Stögersbach und der kleine Mitterfeldbach zusammenfließen.

Daher müssen wir 300 m zurückgehen und dort nach Westen hinüber zur Lafnitzer Seite queren ③. Diese ist wesentlich urtümlicher, im Frühjahr ist der „Weg" den Lafnitzschlingen entlang nach Nor-

Wanderroute

Rundweg: Parkplatz – den Feldweg am Stögersbach entlang nach Süden (30 min) – zur Lafnitz nach Westen und dort dem Pfad durch die Auen zurück nach Norden folgen (40 min).
Dauer: 1,5 Std.
Karte: freytag & berndt WK 423.
Anforderungen: Ebener Feldweg und Wiesenpfad, Länge 5 km.
Ausrüstung: Feldstecher, Trinkwasser, ab Juni Mückenschutz.
Günstigste Jahreszeit: Vom Frühjahr bis zum Herbst.
Information: Ramsar-Infozentrum im Gemeindeamt von 7411 Loipersdorf-Kitzladen, Mo–Fr 8–15 Uhr, ✆ 03359/254 019. Am Parkplatz vor dem Schutzgebiet steht eine große Übersichtstafel.

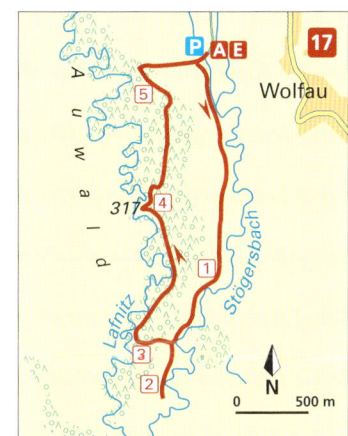

den nur ein Pfad von einem markierten Pflock zum nächsten. Er führt uns teilweise durch den Auwald, teilweise über Feuchtwiesen mit Schwertlilien und großen Eichen. Im Sommer, wenn einige der kleinen Altarme ausgetrocknet sind, können wir auf einem breiteren Weg näher beim Fluss gehen. Auf jeden Fall kommen wir aber immer wieder an die Mäanderschlingen der Lafnitz heran ④ und können die einzelnen Flussterrassen erkennen. Zum Fotografieren (im Auwald ist es recht dunkel) sind ein Stativ oder eine Möglichkeit zum Aufstützen nützlich.

Der Flusslauf bildet auf der kurzen Strecke durch das Naturschutzgebiet etwa 40 Schlingen. Eine ungestörte Flussdynamik zeigt daher schön die Gliederung der Ufer in Prall- und Gleithang, kräftige Sommerregen führen zu regelmäßigem Hochwasser und dadurch freigeräumten Sand- und Schotterbänken. Dies ist notwendig, damit Flussvögel wie Flussregenpfeifer, Flussuferläufer oder Eisvogel hier brüten und leben können. Die durch Uferabbrüche entstehenden Steilufer nützt neben dem Eisvogel auch die Uferschwalbe. Dieser unregulierte Abschnitt ist außerdem mit den Raabauen der wichtigste Lebensraum des Fischotters im Burgenland, der sonst (außer im Waldviertel) in Östereich überall vom Aussterben bedroht ist.

Der Eisvogel *(Alcedo atthis)***:** Die weltweit verbreiteten Eisvögel sind oft metallisch-bunt gefärbt und haben einen kräftigen Schnabel. So zählt auch der Eisvogel Europas mit seinem blau-orangen Gefieder zu den prächtigsten Vögeln unserer Regionen. Dass diese Tiere selten geworden sind,

Wegen seiner schönen Blüten ist das Drüsige Springkraut an Gartenteichen beliebt und zeigt von dort aus massiven Verbreitungsdrang in die Umgebung.

Blick auf die unregulierte Lafnitz.

Die leuchtend blaue Oberseite hat dem Eisvogel die Bezeichnung „fliegender Edelstein" eingebracht.

liegt an den überall regulierten Fluss- und Bachläufen. Der flinke Fischer braucht klare Gewässer mit reichlich Fischen, Deckung für sich, wassernahe Sitzwarten und die Möglichkeit, tunnelartige Niströhren in weiche Ufersteilwände graben zu können. Im geeigneten Lebensraum fliegt er wie ein leuchtend blauer Edelstein knapp über der Wasseroberfläche oder mustert gespannt von seiner Sitzwarte aus das Wasser. Kommt ein kleiner Fisch vorbei, stößt er mit einem Köpfler blitzschnell zu.

Die Sumpf- oder Wasser-Schwertlilie braucht „nasse Füße" und wächst an Gewässerufern und auf überschwemmten Flächen. Mit ihrem leuchtenden Gelb ist sie „die" Sumpfblüte schlechthin.

Den Fluss begleiten Grauerlen, Bruchweiden und Purgier-Kreuzdorn, in Ufernähe kann man von Juni bis September Sumpf-Ziest und Seifenkraut finden. Im August breitet sich von der Nordwestecke des Rundwegs ⑤ bis zur Lafnitz ein mehr als drei Meter hoher „Wald" aus Drüsigem Springkraut *(Impatiens glandulifera)* aus. Dieses blüht zwar üppig und die Bienen sind sehr aktiv, aber als extrem wuchsstarker Neueinwanderer (die Pflanze stammt aus Indien und Nepal vom Fuß des Himalaja) wird es zum Problem – das „Kraut" schießt jedes Jahr in kurzer Zeit so stark in die Höhe und überwuchert alle einheimischen Pflanzenarten, die an solchen Standorten von Natur aus vorkommen würden. Zurück zu Brücke und Parkplatz bringt uns ein Fahrweg über das ca. 400 m breite Mitterfeld.

Der Clusius-Naturpark

Im Gedenken an einen großen Botaniker

Der Clusius-Naturpark mit Stausee, Wald, Wildtiergehegen und Weideprojekten gedenkt eines bedeutenden Naturforschers, der jahrelang die Pflanzenwelt der Region untersuchte. Vom Parkplatz am Südende des Urbersdorfer Stausees ① führt uns der Lehrpfad in Richtung Norden entlang der bewaldeten Westseite des Sees, die Tafeln stellen hier das „Ökosystem Eichenwald" vor. Als Kunstprodukt hat der Stausee kaum eine Verlandungszone und der Ufersaum ist schmal. Nur bei der Einmündung des Limbachs am Nordufer hat sich eine kleine Bachaue gebildet ②. Am Ende des Stausees breitet sich nach Norden der Punitzer Wald aus, das größte Waldgebiet in der Region mit einem hohen Zerr-Eichen-Anteil, mit Stieleichen und Hainbuchen. Auf der dort vorbeiführenden Schotterstraße müssen wir einige Meter nach rechts gehen, dann geleitet uns der Lehrpfad die Ostseite des Stausees ③ entlang über Wiesen, die im Frühling reich blühen. Im Juni gibt es Gelbe Taglilien *(Hemerocallis lilioasphodelus)* zu sehen, die durch das Verschwinden feuchter Wiesen und Hänge zu einer Seltenheit geworden sind. Im bzw. am Wasser finden sich See- und Teichrose, Troll- und Schwanenblume. Im Spätsommer bedeckt die Wassernuss einige Ecken am oberen Seeende. Diese Schwimmpflanze ist sonst charakteristisch für die Güssinger Fischteiche (Top 10-Ziel Nr. 10) und wurde dort natürlich schon von Clusius beschrieben.

Wanderroute

Rundweg: Vom Parkplatz Limbachstausee am Lehrpfad rund um den Stausee (3 km) – zum Limbachhof – nach Südosten zum Sankohaz (Schotterstraße) – an der Strem entlang – Landstraße zur B 56 – dort rechts über die Brücke und in die Pfeifengraswiesen – zurück durch Urbersdorf.
Dauer: 2,5 Std.
Karte: freytag & berndt WK 423.
Anforderungen: Ebene Schotter- und Wiesenwege; Länge 9 km.
Ausrüstung: Feldstecher, Trinkwasser.
Günstigste Jahreszeit: Frühjahr bis Herbst.
Information: Tourismusbüro 7540 Güssing, Hauptplatz 7, ✆ 03322/42311-23, Fax DW 41, E-Mail: stadtguessing@bnet. co.at und im Naturparkbüro ✆ 03322/43026.
Hinweise: Lehrpfad: Rundweg um den Limbach-Stausee in Urbersdorf mit Namenstafeln und botanischen Erklärungen.

Info

Der Clusius-Naturpark bei Urbersdorf will Besuchern Tiere und Pflanzen der Region näherbringen und ihm Weidewirtschaftsprojekte vorstellen. Dazu umrundet ein knapp 3 km langer Lehrpfad den Limbach-Stausee und es gibt mehrere Weide-Versuchsgehege am Gelände. Bemerkenswert sind außerdem die Pfeifengraswiesen des unteren Stremtals südöstlich von Urbersdorf.

Anreise

Von Güssing 2 km nach Osten bis zur ersten Abzweigung nach Urbersdorf. Kurz vor dem Ortsbeginn nach links zum Stausee abbiegen (dort Parkplatz).

Der Botaniker Carolus Clusius 1526–1609: Der Namenspatron des Naturparks, Charles de l'Ecluse (latinisiert *Carolus Clusius*), stammt aus dem damals flämischen (und damit zu den Habsburger Niederlanden gehörenden) Arras (heute Nordfrankreich). Er studierte Jus, Philosophie und Medizin (zu der damals auch Pharmazie zählte). Bald war er als Botaniker bekannt, ging 1572 als Hofgärtner zu Kaiser Maximilian II. nach Wien und begann mit der botanischen Erforschung der Umgebung. In Wien freundete er sich mit Graf Balthasar Batthyány an, einem erfolgreichen Feldherrn, Diplomaten sowie gleichfalls Gelehrten. Als nach Maximilians Tod 1576 unter Rudolf II. die Gegenreformation einsetzte, verlor Clusius seine Stelle und wurde von der Familie Batthyány auf ihren Stammsitz nach Güssing, das damals ein wichtiges Kulturzentrum war, eingeladen.

Der Stausee mit seinem schmalen Röhrichtstreifen.

In der artenreichen Übergangslandschaft zwischen Schneeberg und Ötscher am Alpenrand und der pannonischen Ebene Ungarns mit ihren Feucht- und Sumpfwiesen und üppigen Auwäldern fand Clusius ein weites Betätigungsfeld. In Zeiten der Türkenbedrohung musste er seine Forschungen mit militärischem Begleitschutz durchführen und er ging auch ungewöhnliche Wege bei der Pflanzenbeschaffung. Beispielsweise tauschte er türkische Kriegsgefangene gegen Samen und seltene Zwiebeln von Tulpen, Schwertlilien und Narzissen aus. So manche Art machte er bei uns erst heimisch: Rosskastanie, Flieder, Tabak und Kartoffel. Die Tulpenkultur Hollands begann ebenfalls mit Zwiebeln von Clusius, die er 1588 nach Leiden mitbrachte.

In drei Werken hat Clusius ab 1583 seine Forschungen über das heutige Südburgenland und Westpannonien publiziert, die ihn zu einem Begründer der modernen Botanik und der Pilzkunde machten. Z. B. befasste er sich als erster mit Pflanzengeografie (Standort und Verbreitung von Pflanzen) und experimentierte bereits mit der binären Nomenklatur aus jeweils eindeutigen Gattungs- und Artbezeichnungen, die Carl von Linné ab 1753 konsequent anwandte und so bis heute verbindlich machte.

*Die Gelbe Taglilie
ist ein Bewohner der
feuchten Stremtaler
Pfeifengraswiesen
und blüht im Juni.*

Nach 3 km und der Umrundung des Stausees sind wir wieder am Parkplatz angekommen. Um die Weidegehege zu erreichen, gehen wir vom Parkplatz die 200 m zur Straße zurück und dort durch den Buschwald auf einem Pfad 400 m nach rechts bis zur Zufahrt zum Limbachhof ④, der 200 m weiter rechts steht. Er ist von großen Freigehegen umgeben, die einen Teil des Clusius-Parks bilden und sich im Punitzer Wald fortsetzen. In den Gehegen simuliert man wie im Seewinkel die traditionellen Beweidungsformen, um Hutweiden mit ihren typischen Pflanzen zu erhalten. Neben Ungarischen Steppenrindern setzt man auch Umberschafe ein, eine robuste Kreuzung aus Hausschafen mit Mufflons. Im Waldgebiet übernehmen Wildschweine, Rot-, Dam- und Dybowskyhirsche die Beweidungsrolle „Wildtier". Im Schauraum des Limbachhofs sind eine alte Schmiede, ein Wasserbüffelschädel mit seinen geschwungenen Hörnern und andere Exponate des Wildparks zu sehen, und eine Spendenkassa freut sich über 1 € Fütterungsbeitrag.

Vom Limbachhof über die Zufahrt zurück und geradeaus (über die B56) auf dem Schotterweg nach Südosten erreichen wir nach 20 min die Büffelweide beim Sankohaz ⑤. Sanko (sprich Schanko) ist die ungarische Bezeichnung für einen Heilschlamm aus sumpfigem Gelände, vergleichbar etwa mit dem italienischen Fango. Dieser ehemalige Meierhof (grundherrschaftlicher Herrenhof; später Spiritusbrennerei) zwischen Urbersdorf und Glasing beherbergt ein Büffelversuchsprojekt; Fleischgewinnung wird hier mit ökologischer Beweidung (deshalb bleibt die Herde nie lange an einer Stelle) kombiniert. Die Balkanrasse des Wasserbüffels ist im Burgenland ein uraltes Haustier (die jungsteinzeitliche Siedlung in Donnerskirchen vor 7000 Jahren hatte bereits Wasserbüffel genutzt), und

Der Lungenenzian kennzeichnet Pfeifengraswiesen ab dem Spätsommer.

Die Schwanenblume besiedelt Ufer nährstoffreicher, stehender Gewässer und ist wie die meisten Feuchtpflanzen selten geworden.

um 1900 wurde der Büffel hier noch überall als Arbeitstier verwendet. Denn das einst versumpfte Stremtal war ein rechter Fluch für die Bauern, sie hatten enormen Leberegelbefall bei ihren Hausrindern, während der Wasserbüffel dagegen weitgehend resistent ist. Durch die Beweidung können sich Pflanzen, die nicht gefressen werden, besonders gut entwickeln und es entstehen weidebedingte Pflanzengemeinschaften. Die Silberdisteln etwa wölben sich mit mehreren Blütenständen halbkugelartig aus dem Umland und die Polei-Minze *(Mentha pulegium)* kommt auf.

Vom Sankohaz nach links, entlang dem Strembach nach Osten, können wir solche Büffelweideflächen sehen. Vorbei an der Kläranlage spazieren wir auf dem Fahrweg die Strem entlang abwärts und biegen nach 30 min bei der Brücke über den Bach in die schmale Landstraße nach links Richtung Norden. Um zu den Pfeifengraswiesen zu gelangen, müssen wir auf dem Sträßchen zurück zur B 56 (10 min), auf dieser 200 m nach rechts, und können nach der Brücke über Hausgraben und Haselbach nach rechts auf einem Feldweg in die Streuwiesen einbiegen ⑥. Solche naturnahe Pfeifengraswiesen, die nur extensiv genutzt werden und einer reichen Pflanzen- und Blütenfülle Lebensraum bieten, begleiten den Strembach im unteren Stremtal immer wieder und das Naturschutzmanagement versucht, möglichst viele von ihnen zu pachten. Zurück zum Stausee kommen wir durch das kleine Urbersdorf, das nordwestlich der Wiesen an die B56 grenzt. An dessen Westrand queren wir den Limbach und biegen wieder in die Zufahrt zum Parkplatz.

Die Schachblumen-wiesen von Luising und Hagensdorf

In den Stremtaler Pfeifengraswiesen

Seit 1999 ist der „Naturpark Weinidylle" zwischen dem Strem-tal und dem Eisenberg im Südosten des Landes der dritte Natur-park des Burgenlands. Seine botanische Besonderheiten sind die Reste der einstigen Stremtal-Pfeifengraswiesen und vor allem das Vorkommen der seltenen Schachblume *(Fritillaria meleagris)* beim Zusammenfluss von Strem und Pinka. Vom Südende des Dörfchens Luising ① führt uns ein asphaltierter Güterweg nach links bis zur Kanalbrücke ②. Von dort nach Süden erstreckt sich das kleine Schachblumen-Naturschutzgebiet mit einzelnen, mächtigen Eichen und Eschen. Sie sind die Reste von bachbegleitenden Wäldern an der Strem und anderen Bächen, die nach der Trockenlegung des ver-sumpften Talbodens durch Entlastungsgerinne übrig blieben. Denn überall, wo der Grundwasserspiegel schneller sank, als die Wurzeln der Bäume nachwachsen konnten, starben die Bäume letztlich ab.

Vor der Regulierung der Strem wurden die Luisinger und Hagens-dorfer Wiesen immer wieder überschwemmt und standen mit dem Grundwasser in Verbindung. Solche wechselfeuchten Wiesen sind alte Kulturlandschaften, die durch regelmäßigen, aber extensiven

Wanderroute

Rundweg: Von Luising nach Osten zum Kanal – diesen ent-lang 300 m nach Süden, dann durch die Pfeifengraswiesen nach Westen (15 min) – Güterweg nach Süden (10 min) – Abstecher über die Brücke in den Auwald (700 m) – auf der Nordseite der Strem entlang (1,7 km) – am Südufer zur Schachblumenwiese Hagensdorf (15 min) – von Hagensdorf zurück nach Luising (2 km).
Dauer: 2 Std.
Karte: ÖK 50 Nr. 168.
Anforderungen: Ebene, gute Wirtschafts- und Wiesenwege; Länge 7 km.
Ausrüstung: Feldstecher, Trinkwasser.
Günstigste Jahreszeit: Die Schachblumenblüte fällt als Faustregel meist in die Karwoche vor Ostern. Wiesen und Auwald sind aber weiterhin bis in den Herbst besuchenswert.

Info

Bei den Dörfern Luising und Hagens-dorf liegen zwei der drei Schachblumen-vorkommen Öster-reichs. Der Rundgang führt uns durch den selten gewordenen Lebensraum Pfeifen-graswiese und berührt Auwald sowie feuchte Standorte an den Kanalufern.

Anreise

Von Güssing durch das Stremtal bis Strem, dort nach rechts Richtung Heili-genbrunn und gleich wieder links. Über Hagensdorf bis nach Luising, das letzte Dorf vor der Mündung des Strembachs in die Pinka (17 km von Güssing). In Luising am südlichen Ende dem Güterweg nach links bis zur Kanal-brücke folgen.

Einfluss des Menschen (ein bis zweimal mähen im Jahr) stabil bestehen bleiben. Einige Teile des Areals wurden zwar nach der Entwässerung bis zur Unterschutzstellung 1988 gedüngt und in Futterwiesen umgewandelt, magern jetzt aber wieder ab. Die Schachblume reagiert sehr empfindlich auf die Trockenlegung ihrer Standorte, weshalb sie fast überall in Mitteleuropa schon verschwunden ist. Auch Düngung verträgt sie schlecht, doch hier hat sie die nährstoffreicheren Jahre ausgehalten. Da sie zeitig im Jahr um Ostern blüht, störte sie der hohe und dichte Bewuchs im Sommer nicht sehr. Von der Brücke über den Kanal spazieren wir auf breitem Wiesenweg diesen entlang nach Südosten. Zur Rechten beschatten die Eichen Teile der Wiese, zur Linken erhalten wir an gebüschfreien Stellen Blicke auf den Kanal. Er ist, wie die Wiesen des Naturschutzgebiets, gleichfalls artenreich. Im Sommer blühen Seekanne, Großer Igelkolben und reichlich Blutweiderich am bzw. im Wasser. Auf den trockenen Böschungen dagegen steht der Blauweiderich, der es gar nicht feucht mag. Während die flatternden Prachtlibellen nicht zu übersehen sind, wird man vom Fischotter höchstens Spuren finden. Es gibt einige im Gebiet, von denen jeder bis zu 40 km Bachstrecke gemeinsam mit einigen anderen als Revier nutzt.

Bei den letzten Bäumen biegt unser Weg vom Kanal nach rechts und führt als Feldweg geradeaus nach Westen durch die Pfeifengraswiesen, die außer den Schachblumen noch viel mehr selten vorkommenden Arten zu bieten haben: Im Frühling erscheinen Muschelblümchen, Sibirische Schwertlilie und mehrere Knabenkräuter, im Juni Gelbe Taglilie, Wiesen-Bocksbart und auf feuchten Stellen das Gottesgnadenkraut. Im Sommer sorgt das Echte Labkraut, sonst auf Magerrasen zu finden, für einen optisch schönen gelben Eindruck, dazu blühen Feuchtwiesen-Prachtnelke und Knäuel-Glockenblume. Im Spätsommer findet man Färberscharte und Teufelsabbiss; den Abschluss bilden als zweite Besonderheit der Region bis zum Oktober der blaublühende Lungenenzian *(Gentiana pneumonanthe)* samt vergesellschaftetem Lungenenzian-Bläuling, sowie die gelbbühende Gold(schopf)-Aster. Der Lungenenzian braucht sonnige Feuchtwiesen und ist daher wie die Schachblume durch Entwässerung und intensive Landwirtschaft gefährdet. Durch den gesunkenen Grundwasserspiegel fallen nun die etwas „höher" gelegenen Abschnitte des Wiesengeländes (dafür genügen schon 20 cm) län-

Die Schachblume (Fritillaria meleagris)

Das Liliengewächs ist der einzige Vertreter seiner ca. 200 Arten umfassenden Gattung in Mitteleuropa, wo sie nur noch extrem selten vorkommt. Ihr Name stammt von den schönen, nickenden Blüten, deren dunkelpurpur und weißlichrosa Scheckenmuster an ein Schachbrett erinnert.

Das Schachblumen-
schutzgebiet bei
Luising mit den
einzelnen Eichen.

Der Uhudler

Die Region um Heili-
genbrunn ist die Hei-
mat von Weinen aus
alten Direktträgersor-
ten (nicht veredelten
Weinstöcken), die die
Attacke der Reblaus
im 19. Jh. überstan-
den haben und als
„Uhudler" bekannt
sind. Über den Ur-
sprung des seltsamen
Namens gibt es viele
Geschichten, aber
nichts Verbindliches.
Das Getränk war lange
Zeit als saures „Krät-
zenwasser" verschrien,
doch wenn man die
Stöcke ebenso behan-
delt wie die „edlen"
Weine, wird daraus ein
Landwein mit einem
speziellen Aroma, der
zahlreiche Liebhaber
gefunden hat.

ger trocken, wodurch sich dort Halbtrockenrasen gebildet haben, im
Mai ein Standort für das Kleine Knabenkraut *(Orchis morio)*, im September für die Herbstzeitlose *(Colchicum autumnale)*.

In Pfeifengrasweisen sucht der Weißstorch, den es nicht nur zwischen Rust und Marchegg gibt, sein Futter ebenso wie zahlreiche
andere Wiesenvögel. Besonders apart unter ihnen ist der auffällig
gezeichnete Wiedehopf mit seinem Federschopf. Im Sommer sind
zwei Heuschreckenarten bemerkenswert: die Sumpfschrecke *(Meco-
stethus grossus)*, eine große grün-braune Feldheuschrecke feuchter
Wiesen, und die dicke Wanstschrecke *(Polysarcus denticauda)*. In
fast allen Wiesen des Südburgenlands hingegen findet man die

Die Schachblume,
Rarität im Stremtal.

In Spätsommer
und Herbst bedecken
Herbstzeitlosen
die Wiesen im
Naturschutzgebiet.

Das Kellerviertel
von Heiligenbrunn

Das südliche Burgen-
land teilt sich grob in
zwei Hälften: Die
Obstregion im Westen
und die Weinbauregi-
on im Osten. Oberhalb
von Heiligenbrunn im
Stremtal stehen im
Wald ein paar Dutzend
Wirtschaftsgebäude
aus dem 18. und 19.
Jh.; ein „Freilicht-
museum in Betrieb",
in lehmverputzter
Blockbauweise und
strohgedeckt – so ein
Strohdach hält gut
20 Jahre Wind und
Wetter stand. Heute
dienen sie außer als
Weinlager meist noch
als Buschenschanken,
wo sich die Weinsor-
ten der Region verkos-
ten lassen.

kleinere, grüne Schiefkopfschrecke *(Ruspolia nitidula)*. Natürlich
dürfen auch Jäger wie die Gottesanbeterin und die Zebraspinne
nicht fehlen.

Nach 15 min mündet der Feldweg in einen Güterweg, dem wir
nach Süden bis zum Ende folgen (10 min), um dort nach links über
die Kanalbrücke ④ in die Auwaldreste nahe der Strem zu biegen. Dem
Waldweg können wir 700 m bis zur ungarischen Grenze an der Strem
folgen ⑤. Im Auwald gibt es die Schachblume ebenfalls, dort nutzt
sie zusammen mit anderen Zwiebelpflanzen das Licht vor der Belau-
bung der Bäume. Im zeitigen Frühjahr blühen hier Zweiblättriger
Blaustern, Gelbstern und Lerchensporn. Etwa im Mai erscheinen da
und dort am Auwaldrand die sonderbar geformten Blüten der Osterluzei *(Aristolochia clematitis)*, die wie Kesselfallen ihre bestäuben-
den Insekten kurfristig gefangensetzen. Mit Glück kann man zu dieser Zeit auch den ebenso hübschen wie seltenen Osterluzeifalter
sehen.

Zur Schachblumenwiese Hagensdorf wandern wir den Weg entlang des Gerinnes und später der regulierten Strem durch ein
Wäldchen nach Westen (vorsichtshalber auf der Nordseite, da im
Süden die Strem abzweigt) und wechseln erst am Ende des Waldes
nach 1,7 km bei einer Brücke mit Schotterweg auf die Südseite.
Dort folgen wir der Strem 400 m bachaufwärts, bis sie sich vom
Weg entfernt. In dem nun folgenden Zwickel zwischen der Strem,
unserem Weg und der Landstraße Hagensdorf – Deutsch Bieling
breitet sich die zweite Pfeifengraswiese mit Schachblumenvorkom-
men aus, an der wir 10 min bis zur Straße entlangspazieren ⑥. An
der Straße nach rechts erreichen wir über die Strembrücke in 5 min
Hagensdorf. Entlang der Landstraße sind es von dort 2 km zurück
nach Luising

Drei-Länder-Naturpark

Wandern am Naturlehrpfad

Den südlichen Zipfel des Burgenlands, von Jennersdorf an der Raab bis zur slowenischen Grenze, bildet das Neuhauser Hügelland. Geografisch ist es die Fortsetzung des südoststeirischen Hügellands, aufgebaut aus tertiären Sedimenten mit vulkanischen Einsprengseln. Heute wird das stark gegliederte Gelände reliefbedingt in noch relativ kleinräumiger Landwirtschaft genutzt, die vielen Hänge der bis zu etwa 400 m hohen Hügel sind eines der burgenländischen Apfelbauzentren in Streuwiesenkultur. Der Name Drei-Länder-Naturpark weist darauf hin, dass das Parkgelände über die Grenze nach Ungarn und Slowenien reicht, die hier mit dem Burgenland zusammentreffen. Besonders das von Neuhaus nach Osten angrenzende slowenische Goričko-Hügelland ist eine sehenswerte Kulturlandschaft, in der noch die traditionellen Wirtschaftsformen gepflegt werden.

Ursprünglich war das Gebiet bewaldet, mit Rotbuchen, Eichen, Hainbuchen und seit der Antike verwilderten Edelkastanien. Die Hügelkuppen sind meist sandiger und trockener als die Hänge, denn dort versickert am wenigsten Wasser. Auf solchen Kuppen wächst die Elsbeere *(Sorbus torminalis)*, ein mit der Eberesche verwandter,

Info

Der Naturlehrpfad „Lebensweg" stellt beispielhaft ökologische Zusammenhänge am Weg eines Waldbächleins von der Quelle bis ins Tal dar. Er führt von Mühlgraben nach Osten. Nach Westen hin schließt an den Lebensweg der Naturlehrpfad „Wildwechsel" an. Hier zeigen einige Dioramen die Tiere des Waldes und informieren über deren Leben.

Anreise

A2 Ausfahrt 138, vorbei an Fürstenfeld, 10 km nach Osten Richtung Ungarn, dann rechts nach Jennersdorf und dort 8 km nach Süden bis Minihof-Liebau. Dort scharf rechts 2 km nach Mühlgraben.

Wanderroute

Rundweg: Mühlgraben zum Wassermolekül – den Naturlehrpfad entlang – den Wildwechsel-Lehrpfad entlang – zurück nach Mühlgraben.
Dauer: 1,5 Std.
Karte: freytag & berndt WK 412 oder Wanderkarte Mühlgraben 1:20.000 des Fremdenverkehrsvereins.
Anforderungen: Bequemer, gepresster Wanderweg, als Lehrpfad markiert; Länge 4 km.
Ausrüstung: bequeme Schuhe.
Günstigste Jahreszeit: Vom Frühjahr bis in den Herbst.
Information: Verein Auniwaunden, 8380 Jennersdorf, ✆ 03329/45084, E-Mail: joachim_tajmel@hotmail.com und in Mühlgraben im Gasthaus Gartner ✆ 03329/2253.
Hinweise: In den Dörfern der Dreiländer-Naturparks sind weitere Lehr-Wanderwege angelegt, die sich verschiedenen Themen widmen. *Minihof-Liebau:* Kornweg, ein Lehrpfad zur Geschichte des Ackerbaus. *Mogersdorf:* Friedensweg zum Thema Völkerständigung. *Maria Bild:* Historischer Pilgerweg

langsamwüchsiger Baum, der daher das wertvollste Farbedelholz Europas bildet. Das harte, rote Holz heißt auch „Schweizer Birnbaum" – die Elsbeere war früher wohl am Alpensüdrand weiter verbreitet. Zum Glück ist ihr Holz derzeit unmodern und viel zu teuer, sonst wäre dies wohl das Ende der letzten südostösterreichischen Bestände.

Im Naturpark treffen sich Pflanzen der Alpen mit illyrischen vom Balkan. Das pannonische Element, sonst bis auf einige Höhenlagen so prägend im Burgenland, steuert hier nur Aspekte bei; z. B die Weißmiere *(Moenchia mantica)*. Einige Pflanzen aus dem Alpenraum haben (vermutlich als Eiszeitrelikte) bis hier auf die Hügel herunter ihr Vorkommen – die Grünerle findet man sonst eher in der Höhe, Weißer Germer und Wolfs-Eisenhut (Gelber Eisenhut) wachsen bis hinauf auf die Almwiesen und Waldränder der Berge.

Der Wolfs-Eisenhut, eher eine Alpenpflanze, kommt in feuchten Laubwäldern bis ins Hügelland herunter.

Elemente des Südens sind etwa die Schopfige Traubenhyazinthe *(Leopoldia [Muscari] comosum)*, die im Burgenland aber auch sonst nicht selten ist (die Kleine Traubenhyazinthe, häufig in den pannonischen Trockenrasen, fehlt hier dagegen). Vom Süden her erreicht die Hundszahnlilie im Burgenland gerade noch das Neuhauser Hügelland. Als Waldpflanze blüht sie schon im März, bevor die Bäume sich belauben, und ist für die meisten Besucher daher nicht mehr zu sehen. Ebenfalls sehr früh blüht die Hecken-Nieswurz *(Helleborus dumetorum)*, typisch für die Streuobstwiesen. Da sich ihre Blütenhüllblätter lange halten, kann man den Blütenstand aber bis in den Mai hinein sehen. Häufig an Waldrändern im Naturpark sind im Sommer die Nesselblättrige Glockenblume, an trockeneren Stellen die Knäuel-Glockenblume und im Schatten die Wald-Glockenblume. Magere Wiesen sind der Standort des Brand-Knabenkrauts *(Orchis ustulata)*, das es im Naturpark immer wieder gibt.

Zum Naturlehrpfad „Lebensweg" überqueren wir im Zentrum von Mühlgraben den Bach und steigen am Hang dahinter nach Südosten 300 m zum Modell eines Wassermoleküls auf. Im Wäldchen östlich des Wassermodells entspringt eine Quelle ①. Eine Quelle entsteht an Stellen, wo eine Wasser führende Bodenschicht zu Tage tritt. Hier gelangt das langsam fließende Grundwasser an die Oberfläche und rinnt als Quellbach weiter. Die Quellen in der Region sind meistens Sickerquellen, das heißt, das Grundwasser ergießt sich nicht wie im Gebirge als Schwall ins Freie, sondern sickert oberhalb einer dichten Lehmschicht an die Erdoberfläche, durchnetzt die Umgebung und vereinigt sich, dem Gefälle folgend, zu einem Bächlein.

Der Weg führt uns anschließend ein paar Minuten hangaufwärts den dichten Waldrand entlang ②. Hier drängen
Ahorn, Esche, Eichen, Holunder, Vogelbeere und Adler-
farn zur Sonne – ein artenreicher Waldsaum, was wiederum viele Lebensmöglichkeiten für unterschiedliche Tiere
ergibt. Dies ist ein schönes Beispiel für den „Edge-Effekt",
jenen Effekt eines großen Artenreichtums beim Zusammentreffen unterschiedlicher Lebensräume. In einem
Linksbogen kommen wir in das Innere des Rotbuchen-
waldes ③, dort ist es dunkel (und im Sommer angenehm
kühl). Durch den wegen Lichtmangels fehlenden Unterwuchs hat man so mitten im dichten Wald einen relativ
weiten Blick; Tafeln veranschaulichen uns hier den Kreis-
lauf des Wassers in der Natur. Der Lehrpfad führt uns nun
wieder bergab, etwas weiter unten bildet das Bächlein
zwei kleine Waldteiche ④. Dann kommen wir aus dem
Wald wieder heraus, dort ist ein „Naturteich" ⑤ angelegt
über den kleine Azurjungfern und kräftige Blaupfeile
schwirren.

Die Knäuel-Glocken-
blume blüht im Sommer
in Halbtrockenrasen.

   Zurück nach Mühlgraben führt der Weg den Mühlgrabenbach mit seiner Bachaue entlang, wo uns hübsch
gezeichnete Tafeln über die Gewässergüteklassen und
deren typische Tierwelt informieren ⑥. Natürlich wippen
Bachstelzen beim Wasser und im Bach flitzen Libellen-
larven auf der Jagd nach Kleinsttieren umher.

   Am Ende des Lebenswegs ist am Mühlgrabenbach ein
Feuchtbiotop mit etwas Röhricht und Sumpfpflanzen
angelegt. Neben ihm zeigt das erste Diorama des Wild-
wechsel-Lehrpfades einige ausgestopfte Vögel und Klein-
tiere des Waldes. Wir folgen dem „Wildwechsel" vorbei am
Wassermolekülmodell und steigen fünf Minuten nach Südwesten den Hügel hinauf. Ziemlich eben geht es durch
Wald und über Lichtungen weiter, eine gute Idee sind
die aufgestellten, treppenförmig angeschnittenen Baumstämme. Man sieht die Arten, die hier vorkommen
(Feldahorn, Robinie, Traubeneiche, Stieleiche, Birke,

Prachtlibellen
flattern am Ufer
von sauberen, wenig
verbauten Bächen.

Schwarzerle, Zitterpappel, Salweide, Rotbuche, Vogelkirsche,
Fichte, Rotföhre und Hainbuche), die Beschaffenheit des Stamms,
die Maserung des Holzes und die Dichte der Jahresringe, die zeigen, ob dies ein eng oder ein locker wachsendes Holz ist. Nach
rund 20 min und 30 Höhenmetern bergab treffen wir beim Weiler
Pfaffengraben auf die Landstraße und gehen entlang dieser 1 km
nach Mühlgraben zurück.

service

Sonnuntergang
über der Zicklacke
bei Illmitz.

Blühtabelle

Wann blüht was?

Zeitiges Frühjahr

Krokus, Große Küchenschelle, Hecken-Nieswurz.
Waldarten, die vor der Baumbelaubung blühen:
Zweiblattriger Blaustern, Hundszahnlilie,
Gelbsterne, Lerchensporn

Frühjahr (April–Anfang Mai)

Trocken- und Halbtrockenrasen:
Frühlings-Adonisröschen, Zwergschwertlilie,
Schwarze Küchenschelle, Österreichische
Schwarzwurz, Salomonssiegel, Schopfige
und Gewöhnliche Traubenhyazinthe,
Sand-Fingerkraut, Zypressen- und
Steppen-Wolfsmilch, Trauer-Nachtviole,
Heide-Ginster, Regensburger Zwerggeißklee
Orchideen offener Magerflächen: Knaben-
kräuter und Ragwurzarten
Feuchte Wiesen: Schachblume (Anfang April)
Waldrand: Zwergmandel, Wolliger Schneeball
Auwald: Aronstab, Bär-Lauch, Knoten-Beinwell

Frühsommer (Ende Mai–Juli)
Zeit der Hochstauden

Trocken- und Halbtrockenrasen: Acker-Wach-
telweizen, Milchsterne, Hainburger Feder-
nelke, Österreichischer Lein, Kugel-Lauch,
Weiche Silberscharte, Runzelnüsschen,
Federgräser, Purpur-Königskerze (Mai),
gelbblühende Königskerzen (Juni – Sept.),
Juni–September: Gewöhnlicher Natternkopf,
Wiesen-Salbei, Pannonischer Steppen-Salbei
Mai–Oktober: Gelbe Reseda, Labkraut
Salzsteppe: Salz-Kresse
Glockenblumen der Halbtrockenrasen:
Steppen-(Sibirische)-, Filz-, Acker-, Knäuel-
Glockenblume
Feuchte Wiesen: Sibirische Schwertlilie, Gelbe
Taglilie, Echter Beinwell

*Die Bunte (oder Gescheckte) Schwertlilie kommt aus
Südosteuropa und ist eine der Raritäten von pannonischen Waldsäumen und Halbtrockenrasen.*

Orchideen der Feuchtwiesen und Wälder:
Knabenkräuter, Händelwurz, Waldvöglein,
Waldhyazinthe, Ständelwurz
Waldrand: Diptam, Blut-Storchschnabel,
Manna-Esche, Wolfs-Eisenhut, Fingerhut-
Arten, Türkenbund
Am Wasser: Sumpf-Schwertlilie, Blutweiderich,
Schwanenblume
Auwald: Osterluzei, Echter Beinwell

Hochsommer

Trockenstandort: Blauweiderich-Arten, Dorn-
Hauhechel, Feld-Mannstreu, Echte Betonie
Auf Schotter: Weidenröschen
Wald: Wald-Glockenblume, Schwalbenwurz-
Enzian
Am Wasser: Drüsiges Springkraut, Igelgurke,
Wassernuss

Spätsommer, Herbst

Trockenstandorte: Gelber und Herbst-Zahn-
trost, Ruthenische Kugeldistel, Schwert-
blättriger Alant, Gelber Lauch, Gold-Aster
Wechselfeuchte Wiesen: Lungenenzian,
Prachtnelke, Gold-Aster, Färberscharte,
Gottesgnadenkraut
Hochstaudenflur: Rainfarn

Tipps und Hinweise

Informationsadressen

Nationalpark Donauauen:
- Infostelle im Schloss von 2305 Eckartsau, ℰ 02214/2335-18, Fax 2240-19, E-Mail: infostelle.donauauen@oebf.at; Internet: www.donauauen.at (koordiniert auch Führungen und Bootstouren)
- Tourismusbüro Hainburg, Rathaus, ℰ 02165/62111-23
- Nationalparkverwaltung 2304 Orth, ℰ 02212/3450, Fax DW 17

Naturführungen Donau- und Marchauen:
Auland-Touren, Nationalparkbetreuerin Barbara Mertin (Biber-Bärbl), ℰ und Fax 01/4080 189; 02163/355611, Handy 0676/84223520, E-Mail: mertinbarbara@yahoo.de; info@auland.at, Internet: www.auland.at

Nationalpark Neusiedler See-Seewinkel:
Infozentrum 7142 Illmitz, Hauswiese, ℰ 02175/3442-0, Fax DW 4, E-Mail: neusiedlersee.np@netway.at; Internet: www.bmu.gv.at/~parks/

Naturführungen Seewinkel, Neusiedler See:
Netznatur – Erlebnisexkursionen & Waasensteffl-Touren, Corinna Botzi, Söllnergasse 8, 7143 Apetlon, ℰ 02175/5008, Handy 0699/17733771, E-Mail: netznatur@aon.at

Leithagebirge:
Tourismusverband 7091 Breitenbrunn, Eisenstädterstr. 16, ℰ 02683/5054, Fax 2012, E-Mail: breitenbrunn-tourism@bnet.co.at

Naturpark Geschriebenstein:
- Büro Lockenhaus, Tel & Fax 02616-2800, E-Mail: geschriebenstein@utanet.at
- Büro Rechnitz, Tel 03363/79143, Fax 79183, Handy 0664/4026851. E-Mail: naturpark.rechnitz@netway.at

Lafnitzauen:
Ramsar-Infozentrum, 7411 Loipersdorf-Kitzladen, Gemeindeamt, Mo–Fr 8–15 Uhr, ℰ 03359/254019, E-Mail: info-zentrum.lafnitztal@gmx.at

Wieseninitiative zur Erhaltung ländlicher Lebensräume: 7540 Güssing, Raiffeisenstr. 26, B. Gerger, Ch. Holler, ℰ und Fax 03322/43026, E-Mail: wiesen@gmx.at; Internet: www.wiese.at

Drei-Länder-Naturpark: 8380 Jennersdorf, Österreichischer Naturschutzbund – Verein Auniwaunden, ℰ 03329/45084-0, E-Mail: isabella.nemling@lehrer-bgld.at; naturparkraab.oenb@aon.at

Lehrpfade und -tafeln

Donauauen Stopfenreuth (Wanderung 1)
Hundsheimer Berg (Wanderung 3)
Zurndorfer Feuchtbiotop (Top 10-Ziel Nr. 1)
Illmitzer Zicklacke (Wanderung 5)
Rechnitz Weingebirge (Wanderung 15)
Clusius-Naturpark (Wanderung 19)
Drei-Länder Naturpark (Wanderung 20)

Literatur

M. Fischer, J. Fally: Pflanzenführer Burgenland. Fally 2000.
H. Kaineder: Naturschutzgebiet Hundsheimer Berg, 1990 (erhältlich im Tourismusbüro Hainburg).
R. Berger, J. Fally: Frischer Wind am Steppensee; Panorama Pannonica. Fally 1993/1995.
Verein Naturpark Geschriebenstein Hg: Naturpark Geschriebenstein-Irottkö, 1998; erhältlich in Rechnitz und Lockenhaus.
F. Wolkinger, E. Breitegger Hg: Naturführer Südburgenland. Clusius-Gesellschaft 1996; erhältlich in Güssing.

Videos

R. Cöhnen: Dokumentation Naturgesichter; erhältlich bei Netz-Natur.
F. Rischer: Tierbeobachtungen im Jahreslauf; erhältlich im Nationalpark-Infozentrum Illmitz.

Register

Bei den Tier- und Pflanzennamen ist in den meisten Fällen nur die Gattungsbezeichnung aufgenommen.
Fett gesetzte Seitenzahlen verweisen auf Abbildungen, *kursive* auf einen Info-Kasten.